여는 글

세계적으로 읽기 문화가 퇴조해 국가 경쟁력 약화에 대한 우려의 목소리가 높다. 읽기가 안 되면 쓰기도 안 되고 창의적으로 생각하지도 못하기 때문이다.

스위스의 WEF(세계경제포럼)가 발표하는 국가 경쟁력 순위에서 좀처럼 1위 자리를 놓치지 않는 핀란드는 읽기 문화가 발전했다. 이 나라는 OECD 국가 중 가장 많은 예산(GNP의 7.2% 이상)을 교육에 투자한다. 특히 정부에서 학생들이 유치원 때부터 신문을 읽도록 NIE를 지원한다. NIE를 하면 학교 성적도 올라가고, 표현 능력도 향상되기 때문이다.

우리나라는 주당 독서시간이 3.1시간으로, OECD 국가 중 최저 수준이다. 읽지 않으니 미래는 불 보듯 뻔하다.

국가의 교육을 결정짓는 대입 수능 평가 방식이 국영수 과목을 중심으로 한 선다형이어서 달달 외우는 주입식 교육을 할 수밖에 없는 구조다. 교과목 외에 다른 것을 읽을 틈이 없는 것이다.

독서를 하더라도 선다형 평가 방식에 맞게 내용을 외우지, 토론하거나 비판적 읽기와는 거리가 멀다. 오죽하면 학원에서 논술 시험 답안도 예상 문제를 만들어 외워 쓰도록 가르칠까.

다행히 최근 대입 수능에서 신문 기사를 지문으로 활용하는 빈도가 높아지고 교과서에도 신문 기사가 많이 등장한다. 신문에는 그만큼 새롭고 교육적 가치가 풍부한 정보가 많이 실리므로 교과서를 보완해 가르치기 위함이다.

이태종 대표

그러나 초등학생들의 경우 신문과 친하지 않다. 단어도 어렵고 내용도 이해하기 어려운 수준이기 때문이다.

따라서 신문과 친해지는 일부터 신문을 효과적으로 읽는 방법, 정보를 비판적으로 받아들이는 방법을 체계적으로 배워야 NIE의 효과를 높일 수 있다.

『펀 펀 NIE』는 국내 최고 권위의 NIE 논술 월간지 '행복한 논술'에 1호부터 12호까지 연재되었던 '펀 펀 NIE' 코너를 영역별로 분류해 저학년용과 고학년용 두 권으로 묶은 것이다.

저학년용은 신문과 친해지는 방법을, 고학년용은 신문 정보를 받아들이는 방법을 주로 다뤘다. 또래 어린이들의 사례를 곁들여 참고하도록 했다.

이 책의 내용은 NIE의 기본적인 것들이니, 교육 현장에서 창의적인 활용 방법을 다양하게 발전시켜 적용하길 바란다.

2015년 2월
이태종 NIE 논술연구소 대표이사 이 태 종

차례보기

NIE가 뭐예요?	4
신문과 친해지기	6
(활동 1) 신문의 1면 알기	7
(활동 2) 신문은 어떤 것들로 구성되나	10
사진 활용	12
(활동 3) 사진 제목 달기	13
(활동 4) 분리 수거하기	15
(활동 5) 공통점과 차이점 찾기	17
(활동 6) 양면성 찾기	19
(활동 7) 사진으로 이야기 만들기①	21
(활동 8) 사진으로 이야기 만들기②	23
(활동 9) 사진 설명 쓰기	25
(활동 10) 원인과 결과 찾기	26
(활동 11) 배경으로 내용 추론하기	28
(활동 12) 분석하는 방법으로 글쓰기	30
만화 활용	32
(활동 13) 만화 주인공 되어 글쓰기	33
(활동 14) 만화를 줄글로 옮기기	35
시각 자료 활용	36
(활동 15) 표와 그래프로 자료 정리하기	37
(활동 16) 그래프 읽기와 예측하기	39
(활동 17) 기사 내용을 표로 정리하기	41
(활동 18) 오늘의 날씨 알아보기	43
(활동 19) 기상 캐스터 역할놀이 하기	44
TV 프로그램 편성표 활용	45
(활동 20) 시간의 덧셈과 뺄셈	46
(활동 21) 프로그램 시청 뒤 내용 소개하기	48

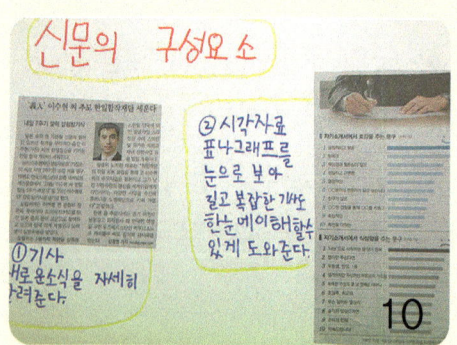

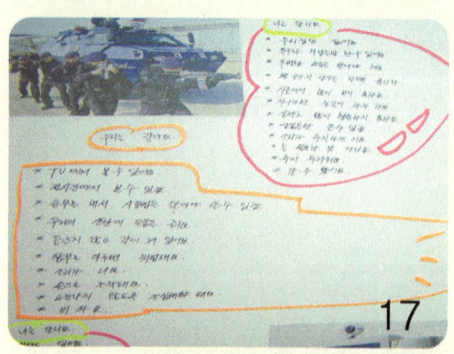

기사 활용 49
(활동 22) 신문 기사는 어떻게 구성되나 50
(활동 23) 기사 제목을 활용해 문장 형식 이해하기 52
(활동 24) 같은 낱말에 담긴 여러 가지 뜻 찾기 54
(활동 25) 기사 내용 육하원칙으로 정리하기 56
(활동 26) 사실과 의견 구분하기 58
(활동 27) 자랑스러운 한국인 찾기 60
(활동 28) 평화가 필요한 곳 찾기 62
(활동 29) 다양한 관점에서 생각하기 63
(활동 30) 다양한 해결책 제시하기 64
(활동 31) 환경오염 다룬 기사 찾기 66
(활동 32) 문단 내용 요약하기 67
(활동 33) 기사 내용 요약하기 68
(활동 34) 재미있는 신문일기 쓰기 69
(활동 35) 줄글을 시로 바꾸기 71
(활동 36) 독자 투고 쓰기 74

신문 형식 활용 (주제 신문 만들기) 76
(활동 37) 독서 신문-형식과 내용 정하기 77
(활동 38) 독서 신문-인터뷰 기사 쓰기 79
(활동 39) 독서 신문-뒷이야기 만화로 꾸미기 80
(활동 40) 독서 신문-책 광고하기 81
(활동 41) 가족 신문-형식과 내용 정하기 82
(활동 42) 가족 신문-보도 기사 쓰기 83
(활동 43) 가족 신문-가족 칭찬 릴레이 84
(활동 44) 가족 신문-가족 광고 만들기 85

신문으로 하는 미술 공부 87
(활동 45) 색에 대한 느낌 표현하기① 88
(활동 46) 색에 대한 느낌 표현하기② 90
(활동 47) 콜라주 꾸미기 91
(활동 48) 작품 감상하기 93
(활동 49) 명화 감상하기 94
(활동 50) 소묘로 표현하기 95

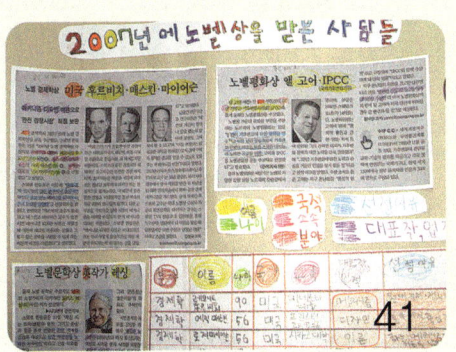
41

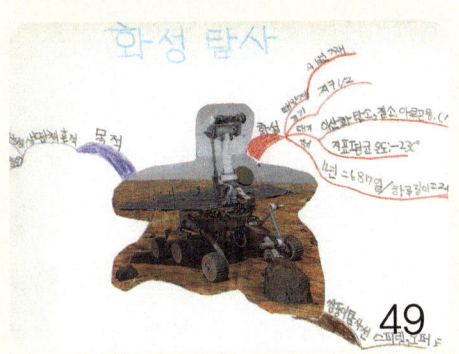
49

85

89

NIE가 뭐예요?

NIE(엔아이이)는 'Newspaper In Education'의 머리글자를 따온 말입니다. 신문을 주교재 또는 교과목의 보조교재로 활용한 교육을 뜻하지요. 우리말로는 '신문활용교육'이라고 합니다.

NIE의 목적은 신문에 실린 정보를 활용해 교육 효과를 높이는 것입니다.

▲ 초등학생이 학교에서 과제로 내준 독서신문을 만들고 있다.

신문에는 매일 다양한 분야의 새로운 정보가 실리며, 그 정보가 다른 어떤 매체보다 신뢰도가 높은데 비해 값싸고 손쉽게 구할 수 있는 장점이 있습니다. 또 우리가 살면서 알아야 하는 다양한 정보가 분야별로 담겨 있어요. 이러한 정보들이 교과서 내용과 연계돼 살아있는 정보가 됩니다. 신문에는 나와 우리 고장의 문제, 우리나라의 문제, 세계 여러 나라의 관심사도 함께 담겨 있습니다. 신문은 게다가 어떻게 결정하고 행동하는 것이 좋은지 알려주는 구체적인 사례들이 담겨 훌륭한 인성 교육 자료가 됩니다.

따라서 신문을 활용해 교육하면 유익하고 실용적인 학습이 가능하다는 게 교육 전문가들의 일반적인 견해입니다. 신문이 '살아있는 교과서'로 불리는 이유도 바로 이 때문이지요. NIE는 이러한 신문의 특성을 교육에 반영해 지적 성장을 꾀하고 학습 효과를 높이는 교육 방법을 통틀어 일컫습니다.

이미 검증된 NIE의 효과로는 ①통합교과적인 사고와 학습능력 향상 ②독해와 쓰기 능력 향상 ③논리성과 비판력 증진 ④창의력 증진 ⑤문제 해결과 의사결정 능력 배양 ⑥올바른 인성 함양 ⑦민주시민 의식 고취 ⑧공동체에 대한 관심과 적응능력 제고 ⑨정보와 자료의 검색·분석·종합·활용 능력 제고 ⑩언론출판의 자유에 대한 인식 제고 등을 들 수 있습니다.

신문을 활용한 다양한 활동

기사 활용

시각 자료 활용

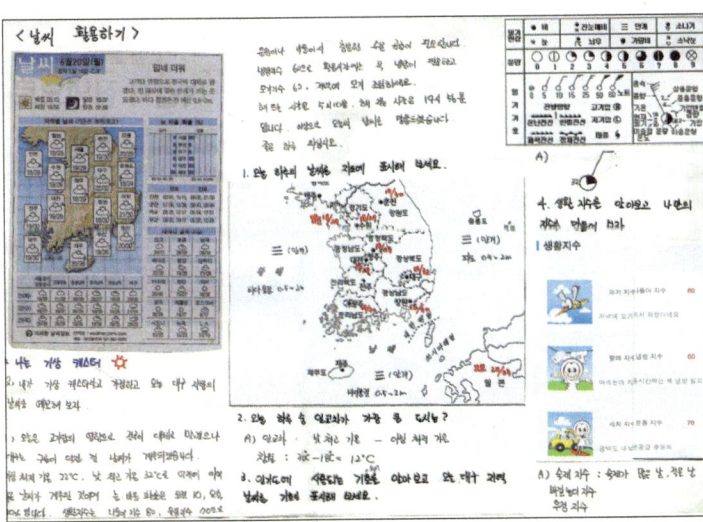

사진·사진 설명 활용

신문과 친해지기

초등학생은 신문과 별로 친하지 않습니다. 글자도 작은데다 관심을 끌 만한 내용이 많지 않기 때문이지요. 그래서 신문으로 공부하려면 먼저 신문과 친해지는 일이 중요합니다.

신문의 1면이 어떻게 구성되는지 알고 신문에 들어가는 기본 요소를 익히다 보면 신문이 한결 친근하게 느껴질 거예요.

신문을 많이 알면 알수록 신문을 제대로 읽는 데 도움이 됩니다.

활동 1 – 신문의 1면 알기

신문은 주위에서 일어난 여러 가지 일을 알리는 기능을 해요. 특히 신문의 첫 페이지인 1면은 그 날 일어난 여러 사건 가운데 가장 중요한 내용을 싣기 때문에 신문의 얼굴과 같아요.

1면이 어떻게 구성되고, 1면을 이루는 요소들은 무엇인지 함께 배워요.

신문 1면의 구조

- 제호 : 신문 이름
- 호수 : 당일까지 발행된 신문의 횟수
- 판수 : 하루에 인쇄되는 신문의 횟수
- 표제 : 기사의 제목
- 기사 : 알리려는 정보
- 돌출 광고 : 툭 튀어나온 광고
- 발행일 : 발행된 날짜
- 사진과 사진 설명
- 띠 안내 : 중요 기사가 나온 면 안내
- 광고 : 상품을 팔기 위해 알리는 것

고학년용 7

활동 방법

준비물 : 신문, 여러 가지 색 사인펜, 메모지

❶ 신문 1면을 펼쳐놓고 1면의 구조를 보며 각 부분을 다른 색으로 표시합니다.
❷ 표시한 부분의 이름을 쓰고 뜻도 익힙니다.
❸ 메모지로 이름을 살짝 가리고 맞히기 게임을 해도 좋습니다.

◑ 활동의 예

● **활동** : 오늘 신문의 1면에서 제호, 호수, 판수, 발행일, 표제, 기사, 띠 안내, 광고, 돌출 광고 등을 찾아보세요. 활동한 신문은 접어 아래에 붙여요.

신문 붙이는 자리

신문과 친해지기

활동 2 – 신문은 어떤 것들로 구성되나

신문에 실리는 정보는 글·사진·그림·그래프 등으로 나타냅니다. 새로운 상품을 소개하는 광고도 볼 수 있죠. 신문에 담긴 다양한 정보를 공부해 볼까요?

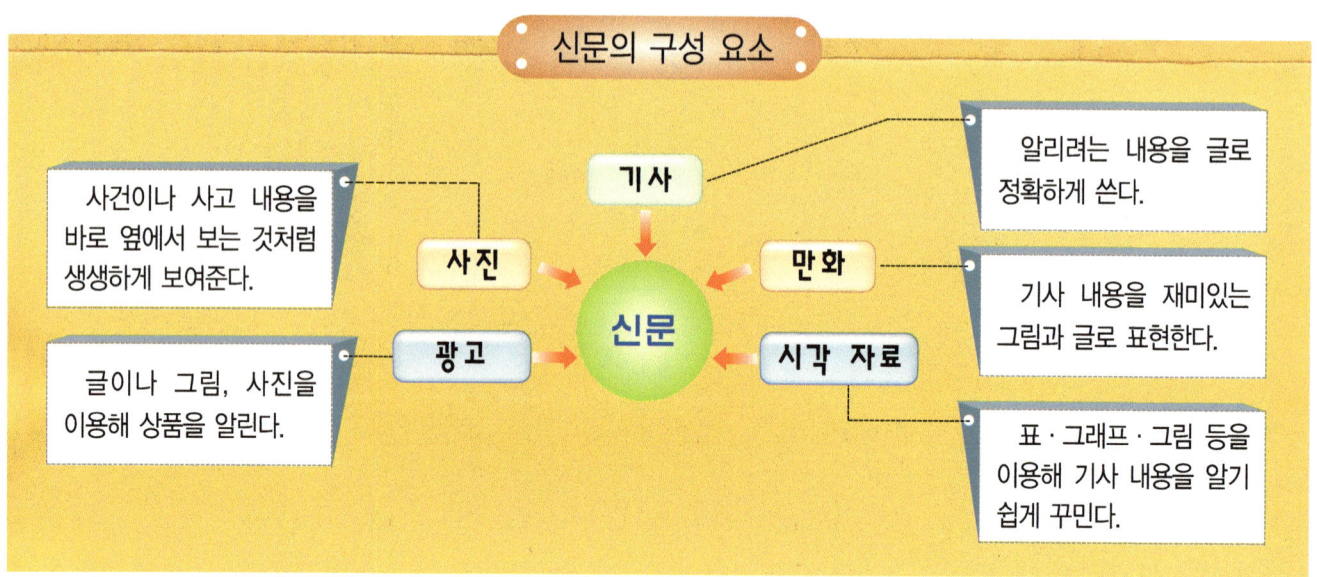

활동 방법

① 신문에서 기사, 사진, 광고, 만화, 시각 자료를 한 가지씩 찾아 오립니다.
② 찾아낸 구성 요소의 이름을 적고 역할을 정리합니다.

◐ 활동의 예

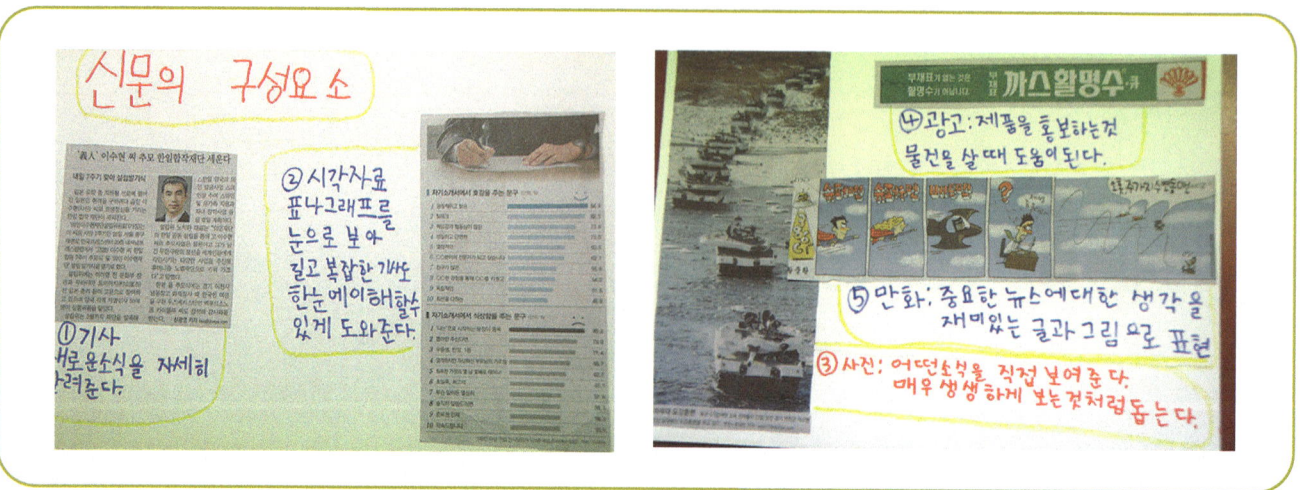

◐ **활동** : 신문의 구성 요소를 오려 붙이고 이름을 쓰세요.

신문의 구성 요소 붙이는 자리

사진 활용

신문에 담긴 시각 자료 가운데 다양한 추론 공부를 할 수 있는 자료가 사진입니다.

하루치 신문의 사진을 헤아리면 100장이 넘습니다. 사건이나 사고를 알리는 기사에 사진이 없다면 독자는 그곳에서 어떤 일이 일어났는지 제대로 알 수 없어 답답할 것입니다. 하지만 사진은 사진 기자가 찍은 모습만 나타내기 때문에 사진과 기사를 함께 읽는 것이 올바른 신문 읽기 방법입니다.

사진에 나오는 사람과 물건 등을 살펴보며 직업·계절·감정·교통수단 등을 익힐 수 있지요. 나아가 사진을 볼 때 떠오르는 생각을 말이나 글로 나타내다 보면 자연스럽게 표현력과 사고력이 길러집니다.

활동 3-사진 제목 달기

제목은 기사의 내용을 함축하고 재해석한 것입니다. 사진 제목도 기사의 제목과 마찬가지입니다. 신문에서 흥미 있는 사진을 고르고 사진을 설명한 글을 보며 제목을 달아보세요.

내용이 모두 드러나되, 되도록 짧게 운율을 넣어 다는 것이 좋습니다.

◐ 활동 1 : 아래 사진에 제목을 달아주세요.

◯ 전국적으로 눈이 내린 11월 21일 오전 서울 남산길에서 버스 한 대가 조심스럽게 내리막길을 내려오고 있다. 채 지지 않은 형형색색의 단풍과 하얗게 쌓인 눈의 대비가 이채롭다.
[한겨레]

사진 활용

○ 활동 2 : 신문에서 사진 3장을 고른 뒤 제목이 있으면 오려냅니다. 고른 사진을 친구와 바꿔 아래 붙이고 제목을 달아요.

활동 4-분리 수거하기

쓰레기를 재료별로 분류하거나 활용 목적에 맞게 음식물 쓰레기, 병류, 캔류, 종이류 등으로 나눠 거두는 것을 분리 수거라고 합니다. 음식물 쓰레기나 비닐 등이 뒤섞여 땅에 묻히면 잘 썩지 않고 유독 물질이 나와 환경을 오염시킵니다. 따라서 환경을 보호하고 자원을 재활용하려면 분리 수거가 아주 중요합니다.

● 활동 1 : 신문에서 생활에 쓰이는 물건 사진을 찾아 오린 뒤 분리 수거함에 담아보세요.

음식물류	캔류

비닐류	종이류

고학년용 15

사진 활용

◐ 활동 2 : 분리 수거의 중요성을 알리는 광고를 만들어요. 신문에 나온 사진, 광고, 그림 등을 활용해도 좋습니다.

활동 5 - 공통점과 차이점 찾기

사진을 여러 장 놓고 공통점과 차이점을 찾는 활동을 하면 자연스럽게 관찰력을 기를 수 있습니다.

활동 방법

❶ 사진 두 장을 고릅니다.
❷ 기준을 정해 공통점과 차이점을 찾아보세요.
❸ 처음에는 서로 다른 사진을 놓고 비교하다가 장면이 비슷한 사진을 놓고 비교하며 점점 단계를 높여보세요.
❹ 기사 관련 사진뿐만 아니라 광고 사진을 활용해도 좋아요.

◐ 활동의 예 : 탱크와 컴퓨터 비교

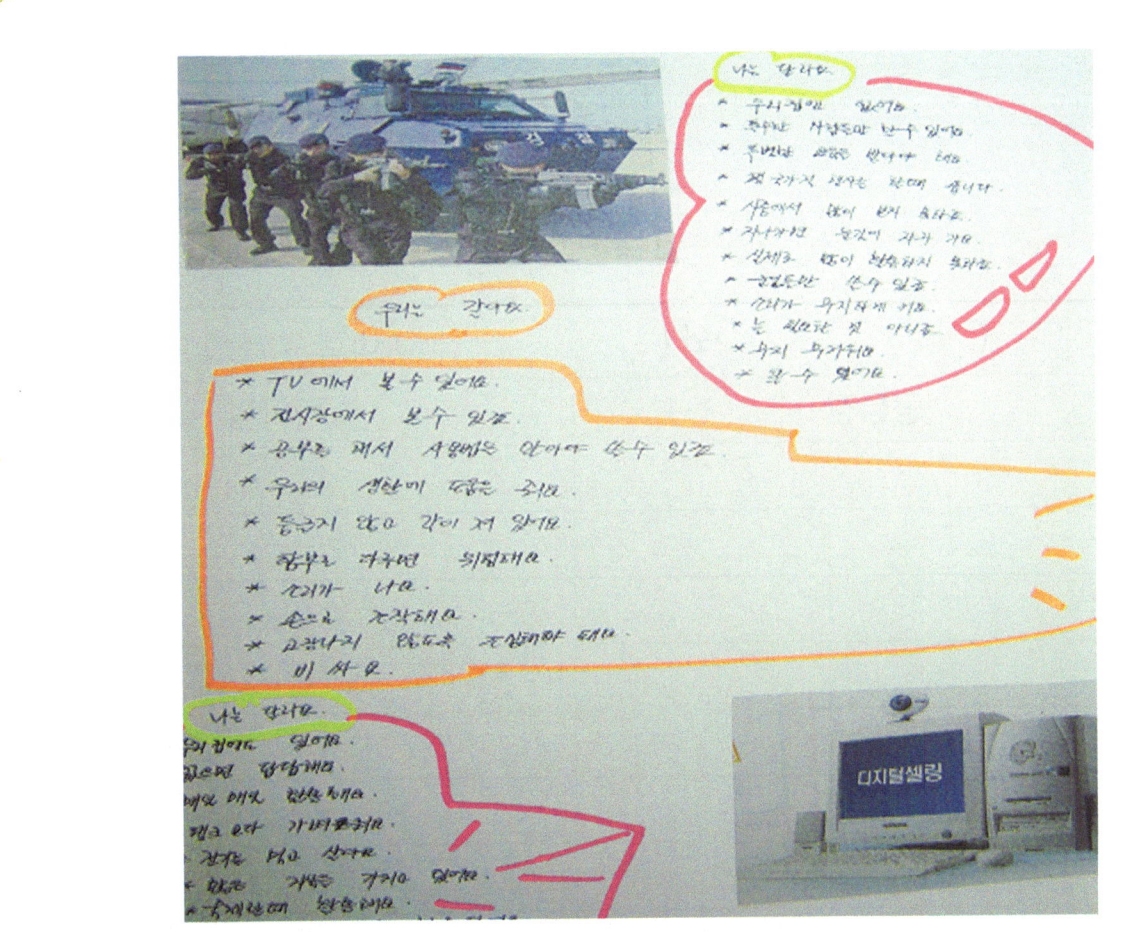

사진 활용

○ **활동** : 사진 두 장을 비교해 공통점과 차이점을 표에 쓰세요.

사진 붙이는 자리

	( )와 ( ) 비교	
	공통점	차이점
1		
2		
3		
4		
5		
6		
7		
8		

활동 6-양면성 찾기

냉장고는 생활에 없어서는 안 될 물건이지만 냉장고 안을 차갑게 유지해 주는 프레온 가스는 지구 온난화의 주범이에요. 자동차 매연이 공기를 오염시킨다는 사실은 여러분도 잘 알 거예요. 생활을 편리하게 해주는 물건의 양면성을 살펴 함부로 사용하지 않는 지혜가 필요하답니다.

활동 방법

① 신문에서 생활에 필요한 물건의 사진을 오려요.
② 선택한 물건의 좋은 점과 나쁜 점을 분석해요.
③ 그 물건을 어떻게 사용해야 할지 생각해요(그 물건을 자주 사용하는 사람에게 사용을 줄이도록 당부하는 글을 써도 좋아요).

활동의 예

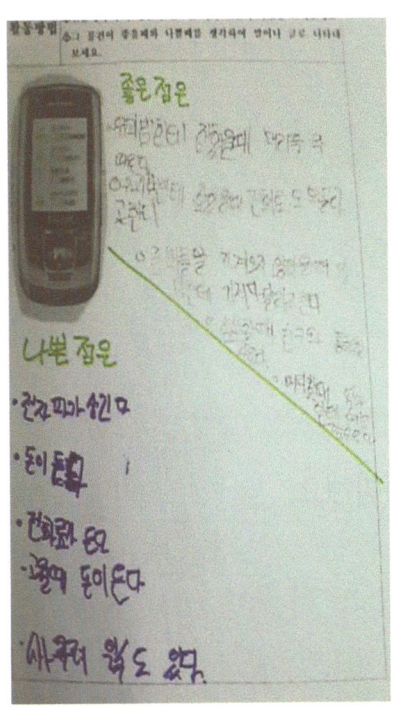
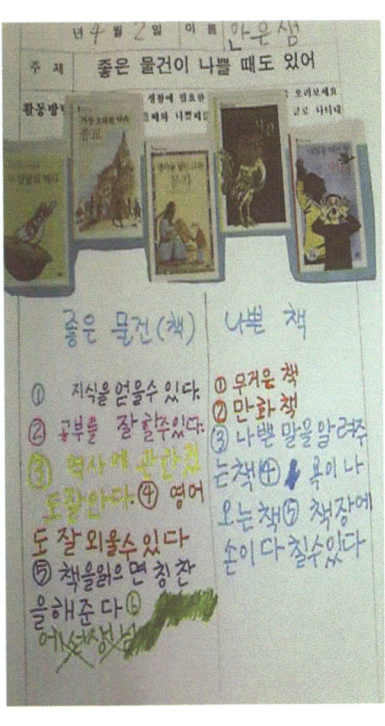

고학년용

사진 활용

○ 활동 1 : 생활을 편리하게 하는 물건 사진을 신문에서 찾아 붙이고, 좋은 점과 나쁜 점을 들어봐요.

사진 붙이는 자리

좋은 점	나쁜 점

○ 활동 2 : 이 물건을 앞으로 어떻게 사용할지 자신의 생각을 정리해요.

활동 7 - 사진으로 이야기 만들기 ①

신문을 보면 기사보다 사진에 먼저 눈이 가지 않나요?
사진에도 기사 못지않게 많은 정보가 담겨 있습니다. 사진 속 상황을 추측해 재미있는 이야기로 엮어보세요.

활동 방법

❶ 관심이 가는 사진을 골라 종이에 붙여요.
❷ 사진을 주의 깊게 살핀 뒤 어떤 상황인지 추측해 육하원칙에 맞춰 글로 표현해요.
❸ 사진 설명이나 관련 기사를 찾아 자신이 추측한 이야기와 비교해 보세요.

◐ 활동의 예

사진 활용

◑ **활동** : 관심이 가는 사진을 고른 뒤 사진 속 상황을 추측해 이야기로 만드세요.

사진 붙이는 자리

사진 설명이나 관련 기사를 붙이고 자신의 글과 비교해요.

활동 8-사진으로 이야기 만들기 ②

서로 다른 사진 몇 장을 활용해 하나의 이야기로 만드는 활동입니다. 관계없는 사진들을 묶어 연관을 짓는 활동으로 순발력과 융통성, 문장 구성력 등을 기를 수 있습니다.

활동 방법

① 각각 다른 사진 3~4장을 고릅니다.
② 사진의 상황에 맞춰 하나의 이야기로 엮어 씁니다.
③ 수준에 따라 사진 수를 늘려도 좋습니다.
④ 글을 쓴 뒤 제목을 붙입니다.

활동의 예

사진 활용

● 활동 : 서로 다른 사진 3~4장을 활용해 이야기를 만들어요.

사진 붙이는 자리

활동 9 - 사진 설명 쓰기

신문 사진에는 대개 설명이 달려 있습니다. 사진 설명은 육하원칙에 맞게 쓰되, 간략히 압축해 씁니다. 사진에 설명을 다는 훈련을 하면 상황을 설명하는 능력과 내용을 압축하는 능력을 기를 수 있습니다.

● 활동 : 기사를 읽은 뒤 관련 사진의 설명을 달아보세요.

조선 시대 물시계 자격루 복원

조선 세종 때(1434년) 장영실이 주관해 만든 첨단 시계 '자격루'가 복원됐다.

국립고궁박물관(관장 소재구)은 21일 오전 박물관 지하 1층 전시실에서 남문현 교수가 이끄는 건국대 산학협력단이 완성한 자격루 복원품을 공개했다. 가로 6m, 세로 2m, 높이 6m로 집채만한 자격루는 크게 물시계와 시보 장치(시간을 알리는 장치) 등 두 부분으로 돼 있다.

물시계는 물을 일정하게 흘려보내는 항아리 세 개와 수위가 높아짐에 따라 시간 흐름을 눈금 잣대로 표시하는 물통 기둥으로 돼 있다. 시보 장치는 눈금 잣대가 밀어 떨어뜨린 작은 쇠구슬이 스위치가 돼 1경부터 5경까지 숫자대로 북을 울리고 징을 때려 시간을 알린다.

한겨레 2007년 11월 22일

이런 뜻이에요~

경 밤 시간을 일컬을 때 쓰던 옛말이다. 해가 진 다음부터 다음날 해가 뜨기 전까지를 5등분하여 1경은 오후 8~10시, 2경은 오후 10~12시(다음날 오전 0시), 3경은 오전 0~2시, 4경은 오전 2~4시, 5경은 오전 4시부터 밝을 때까지를 가리킨다.

활동 10 - 원인과 결과 찾기

우리는 어떤 행동을 하기 전에 그 결과를 예측한 뒤 할지 말지를 결정합니다. 또 생긴 일에 대해서는 원인을 찾아보기도 하죠.

문제의 원인과 결과의 관계를 알면 해결 방안을 제대로 세울 수 있습니다.

활동 방법

❶ 신문에서 사진을 고릅니다.
❷ 사진을 보고 그 사진에 담긴 내용이 왜 나왔는지 원인을 파악합니다.
❸ 사진 속 상황이 어떤 결과를 가져올지 추측합니다.
❹ 예측되는 결과를 놓고 대책을 세웁니다.

◐ 활동의 예

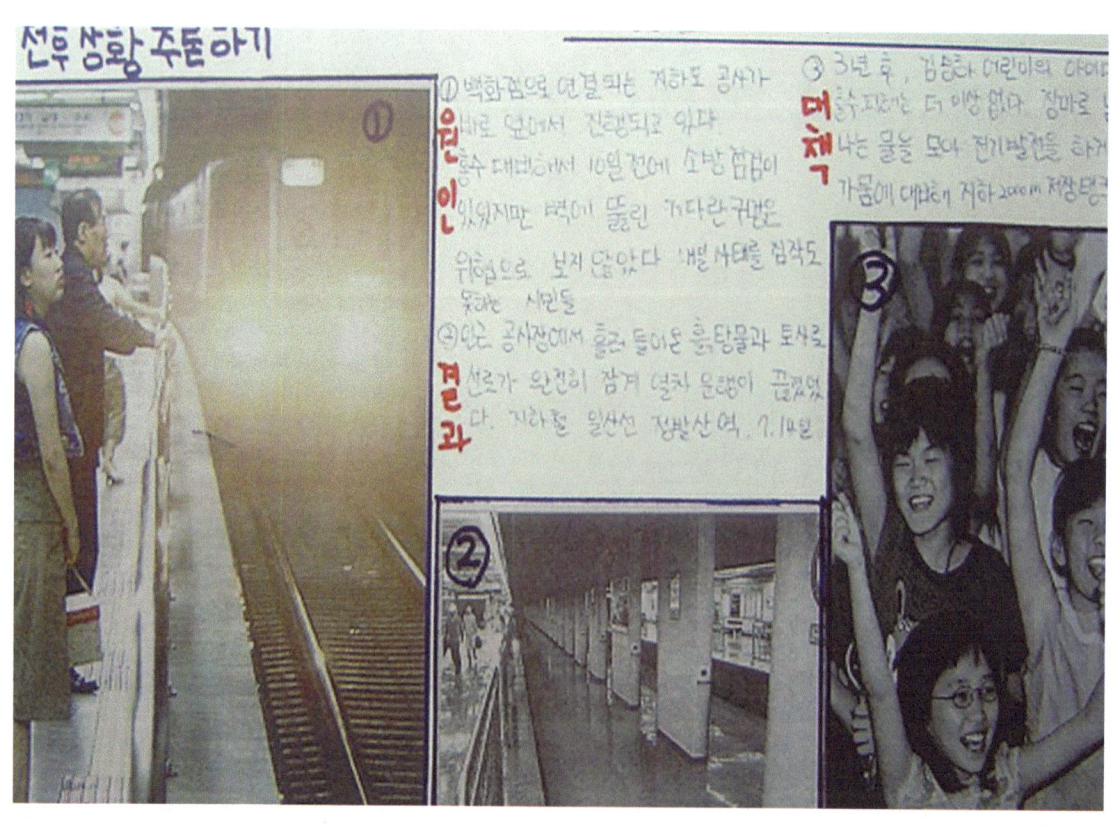

● **활동**: 사진 속 상황의 원인과 결과를 추측해 예상되는 결과에 대한 해결 방법을 제시하세요.

사진 붙이는 자리

원인

결과

해결 방법

사진 활용

활동 11 – 배경으로 내용 추론하기

글의 내용을 제대로 이해하려면 배경을 잘 파악해야 합니다. 배경은 사건이 전개되는 시간과 공간을 말합니다. 시간적 배경은 사건이 전개되는 때를 가리키며, 공간적 배경은 사건이 전개되는 장소를 가리킵니다.

신문에는 인물이나 사건·사고를 담은 사진 외에 배경을 나타내는 사진도 실립니다. 사진을 보며 어떤 내용이 숨겨져 있을지 추론해 보세요.

활동 방법

❶ 신문에서 멋진 풍경이나 배경이 나온 사진을 찾아 스크랩합니다.
❷ 그 사진에서 일어날 수 있는 일을 추측합니다.
❸ 추측한 내용을 글이나 그림으로 표현합니다.

◐ 활동의 예

◑ **활동** : 신문에서 배경이 잘 드러나는 사진을 오려 붙이고, 그 배경에서 일어날 수 있는 일을 추측해 글로 정리하세요.

사진 붙이는 자리

사진 활용

활동 12 - 분석하는 방법으로 글쓰기

분석이란 전체를 여러 부분으로 나눠 설명하는 것을 말합니다. 분류하는 기준은 항목별 또는 일이 일어난 순서 등입니다. 어떤 대상을 분석하는 방법으로 설명하면 좀 더 짜임새가 있습니다.

활동 방법

❶ 신문에서 분석 방법으로 설명할 사진을 찾습니다.
❷ 대상을 어떤 분석 방법으로 설명할지 결정합니다(항목에 따른 분석, 일이 일어난 순서에 따른 분석 등).
❸ 분석 방법에 따라 대상을 설명합니다.

◐ 활동의 예 : 항목으로 나눠 분석하기

◐ 활동 1 : 신문에서 인물, 물건, 풍경 사진 가운데 한 가지를 오려 붙이세요.

◐ 활동 2 : 분석 방법을 정하세요.

예) 요리하는 방법 분석하기(일이 일어난 순서에 따라 나누기)
　　재료 준비 → 요리 → 상 차림

예) 인물 분석하기(항목으로 나누기)
　　전체 느낌 → 얼굴 생김 → 옷차림

◐ 활동 3 : 분석 방법에 따라 사진을 설명하는 글을 쓰세요.

만화 활용

만화는 재미있기 때문에 누구나 좋아합니다. 신문에도 만화가 실립니다.

신문에 실리는 만화는 보통 한 컷(장면)이나 네 컷이지만 여러 컷으로 된 것도 있지요. 만화란 길이에 상관없이 '그 안에 하나의 완성된 생각을 갖고 있는 그림'입니다.

만화의 한 장면을 다시 그리고, 만화의 주인공이 돼 생각하는 연습을 하면 이야기의 흐름을 이해하고 창의력을 키우는 데 도움이 됩니다.

◐ 어린이들이 서점에서 만화책을 보고 있다. [세계일보]

 ## 활동 13-만화 주인공 되어 글쓰기

네 컷 만화에는 주인공이 등장합니다. 만화 속 상황에서 내가 만화의 주인공이라면 어떤 생각을 하고 어떤 말을 했을지 생각해 보세요.

활동 방법

❶ 신문에서 네 컷 만화를 오려 붙입니다.
❷ 만화에 등장하는 인물이 누구인지 살핍니다.
❸ 만화에서 각 등장인물이 처한 상황을 생각합니다.
❹ 주인공과 다른 인물들의 입장이 돼 글을 씁니다.

◐ 활동의 예

만화 주인공 되어 글쓰기
*주인공들의 입장에서 대사나 생각하는 내용을 써 보세요.

 크크크, 뚝배 녀석 꼴 좋다. 그런데 언제 동생이 그런 날라 때리기 같은 무술을 배웠지? 그리고 나보다 약한데 어떻게 뚝배를 때리는 거지? 참 이상한데.

 으악! 이게 웬 날벼락이냐. 쟤는 어디서 뛰어 때리기를 배웠지? 으, 분하다. 쟤 없을 때 뚝딴지 너는 나한테 죽었어. 근데 맨날 같이 다니면 어떡하지?

 이 씨, 우리 오빠한테 까불고 있어. 한 번만 더 그래봐라. 근데 오빠는 왜 이렇게 약한거야. 좀 힘 좀 길러서 뚝배오빠를 한 번에 나처럼 날려때리기로 끝내.

● **활동** : 4컷 만화를 붙이고 주인공의 입장이 돼 하고 싶은 말이나 생각하는 내용을 쓰세요.

만화 활용

활동 14 – 만화를 줄글로 옮기기

신문에는 네 컷으로 된 시사만화와 한 컷으로 된 만평이 있습니다. 최근에는 여러 컷으로 이뤄진 생활만화도 눈에 띕니다. 다음 만화의 내용을 줄글로 옮기고, 내용에 맞는 제목도 붙이세요.

한겨레 '비빔툰' 홍승우 작

♣ 제목

♣ 말풍선에 든 내용을 줄글로 바꿔보세요.

♣ 위 내용에 대한 자신의 생각을 적어보세요.

팁 이런 활동을 할 때는 만화의 주인공 입장이 되어보세요. 주인공 이름도 짓고요.

시각 자료 활용

신문은 많은 정보를 담고 있습니다. 그런데 신문에 까만 글씨만 가득하다면 지루하고 딱딱해 읽기 싫을 거예요.

신문을 펼치면 글씨 외에도 사진이나 그래프, 표, 삽화, 지도, 합성 사진 등 다양한 시각 자료가 눈길을 끕니다.

시각 자료는 기사 내용을 한눈에 볼 수 있도록 정리해 주므로 독자의 이해를 돕고 보는 즐거움도 줍니다.

시각 자료의 종류

그래프 — 숫자를 일일이 계산하지 않고 보는 것만으로도 이해하기 쉽게 표현할 수 있다.

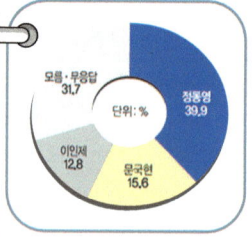

삽화 — 기사 내용을 그림으로 표현한 것(일러스트)으로 기사의 이해를 돕는다.

합성 사진 — 사진이나 그림을 단독으로 써서 내용이 잘 드러나지 않을 때 사용한다.

지도 — 말로 설명하기 복잡한 지역이나 장소를 보여주기에 편리하다.

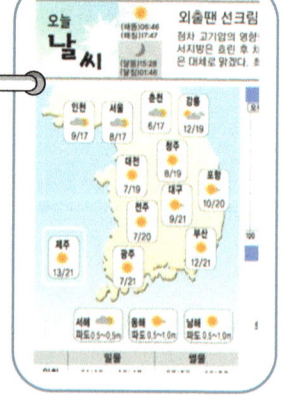

표 — 숫자와 문자를 항목별로 묶어 표현해 복잡한 내용을 쉽게 정리할 수 있다.

활동 15-표와 그래프로 자료 정리하기

설문조사를 해본 적 있나요? 좋아하는 연예인이나 크리스마스 선물로 받고 싶은 것 등을 물어보며 순위를 알아보는 것 말이에요. 나온 대답을 모두 글로 적는다면 쓰기도, 읽기도 어려울 것입니다.

다양하고 복잡한 정보를 한눈에 알아보기 위해 표나 그래프를 이용합니다. 표와 그래프로 자료 정리하는 방법을 익혀보세요.

활동 방법

❶ 필요한 정보를 찾아 표로 정리합니다.　❷ 표의 내용을 그래프로 그립니다.
❸ 그래프를 보고 안 것을 정리합니다.

활동

(1) 신문에서 시각 자료를 찾아 개수를 세고 표로 완성해요.

시각 자료 종류	그래프	표	지도	삽화	합성 사진	기타
개수						

(2) 위의 표를 보고 다음 질문에 답해 보세요.

　가. 가장 많이 사용된 시각 자료는 무엇인가요?

　나. 가장 적게 사용된 시각 자료는 무엇인가요?

　다. 표를 이용하면 편리한 점을 간단하게 설명해 보세요.

(3) 위의 표를 막대그래프로 그려보세요.

막대그래프 그리는 순서

❶ 가로와 세로 중에 조사한 수를 어느 쪽에 나타낼지 정한다.
❷ 조사한 수 가운데 가장 큰 수까지 나타낼 수 있도록 눈금 한 칸의 크기를 정한 뒤 눈금의 수를 정한다.
❸ 조사한 수에 맞게 막대를 그린다.
❹ 그린 막대그래프에 알맞은 제목을 붙인다.

(3학년 2학기 수학 교과서 98쪽)

고학년용 37

시각 자료 활용

신문에서 사용된 시각 자료의 수

(개)

가. 막대그래프의 가로에는 무엇을 나타내야 하나요? (　　　　　　　　)

나. 막대그래프의 세로 눈금 한 칸은 얼마를 나타내야 할까요? (　　　　　　　　)

다. 가장 많이 사용된 시각 자료와 가장 적게 사용된 시각 자료의 차는 얼마입니까?
　　(　　　　　　　　)

라. 표보다 막대그래프를 이용하면 어떤 점이 편리한지 간단하게 설명하세요.

활동 16 - 그래프 읽기와 예측하기

그래프는 정보를 한눈에 비교하고 이해하는 데 도움을 줍니다.

그래프의 종류는 원그래프·막대그래프·꺾은선그래프·띠그래프 등 다양합니다. 그래프의 종류가 다양한 이유는 정보의 내용이나 형태가 다양하기 때문입니다.

그래프에 담긴 정보를 잘 이해하면 그 다음에 어떤 일이 생길지도 예측할 수 있습니다.

활동 방법

1. 그래프가 들어 있는 기사를 스크랩한 뒤 그래프 이름을 씁니다.
2. 기사의 그래프가 어떤 용도에 적합할지 생각해 봅니다.
3. 그래프가 기사 내용을 잘 표현했는지 평가합니다.
4. 그래프를 보고 이해한 내용을 글로 옮겨 적습니다.
5. 다음에 어떤 일이 생길지 예측합니다.

◐ 활동의 예

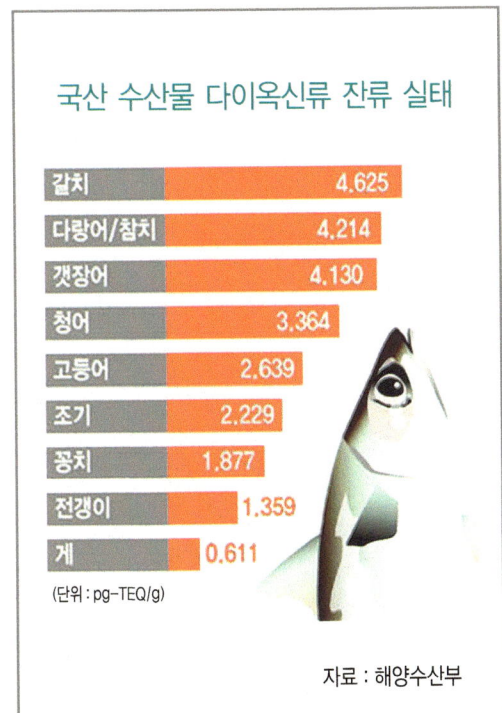

그래프 이름	막대그래프
용도	수량의 많고 적음을 비교하거나 변화 상황을 나타낼 때 사용한다.
평가	생선에 든 다이옥신의 양을 비교하기 쉽다. 간단하면서도 내용이 한눈에 들어온다. 그림도 있어 보기 좋다.
이해한 내용 정리	국산 수산물에 다이옥신이 많이 남아 있다. 그중 다이옥신이 가장 많은 생선은 갈치며, 다랑어·갯장어·청어·고등어·조기 순이다. 게는 다이옥신 양이 가장 적다.
예측	몸에 나쁜 다이옥신이 많이 들어 있는 갈치와 참치, 고등어 등 생선을 덜 사 먹어 판매량이 줄고 값이 떨어질 것이다.

시각 자료 활용

🌓 활동

그래프와 기사 붙이는 자리

그래프 이름	
용도	
평가	
이해한 내용 정리	
예측	

활동 17 - 기사 내용을 표로 정리하기

기사의 양이 많으면 내용을 빨리 이해하기 어렵습니다. 이럴 때 표를 사용하면 편리합니다. 표는 기사를 항목별로 요약해 내용을 쉽게 이해할 수 있도록 도와줍니다.

표로 정리하는 요령을 익히면 공부할 때도 큰 도움이 된답니다.

활동 방법

① 기사를 읽고 정리하려는 항목을 정합니다.
② 항목별로 색을 구분해 밑줄을 칩니다.
③ 표에 들어갈 항목의 순서와 가로, 세로 칸 수를 정한 뒤 표를 그립니다.
④ 표에 찾은 내용을 요약해 정리합니다.

활동의 예

아래 사진은 노벨상 수상자에 관한 기사를 모아 표로 정리한 예입니다. 누가 어떤 상을 탔는지, 나이와 국적 등을 한눈에 비교할 수 있습니다.

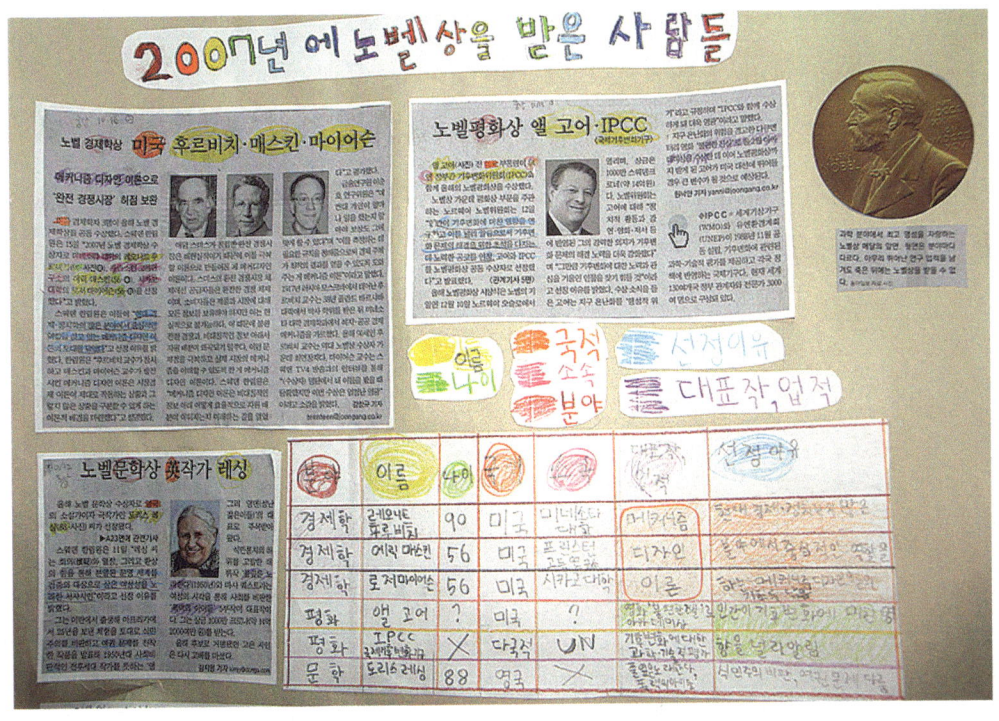

시각 자료 활용

○ **활동** : 다음 기사를 읽고 내용을 표로 정리해 보세요.

세계 최장수 건강 국가는 일본·프랑스·스웨덴 등 5개국

미국의 외교 전문지 '포린 폴리시'는 16일 국민이 가장 건강하게 오래 사는 국가로 일본, 프랑스, 스웨덴, 아이슬란드, 쿠바를 선정하고 그 비결을 소개했다.

여성 86세, 남성 79세로 세계 최장수 국가인 일본은 가공을 덜한 저지방 음식 문화가 자랑거리다. 생선·해초·쌀 등을 주원료로 하는 식생활은 별다른 치료나 예방 조치 없이도 각종 성인병을 억제한다. 정부가 지원하는 운동 시설과 프로그램이 잘 되어 있는 점도 장수의 비결로 꼽힌다.

심장병 등이 제일 적은 프랑스에선 그 원인을 포도 와인에서 찾고 있다. 프랑스인은 육류를 좋아하지만, 식사 양이 적고 와인과 함께 천천히 먹는다. 과학자들은 이런 식습관이 심장병을 예방한다고 추측한다.

스웨덴은 암 완치율이 가장 높다. 암 치료비의 85%를 국가가 부담하기 때문에 암에 걸린 환자라도 치료비 걱정 없이 수준 높은 병원에서 치료를 받는다.

아이슬란드는 '어린이의 천국'으로 꼽힌다. 어린이 질병 예방과 치료에 국가가 신경을 많이 쓰기 때문이다. 이 나라 어린이의 질병 사망률은 0.5%로 세계에서 가장 낮다. 아이를 낳으면 부모 모두 3개월 동안 육아 휴직을 할 수 있으며, 월급도 80%까지 받을 수 있다. 아이슬란드의 출산율은 유럽에서 가장 높다.

경제 규모가 미국의 100분의 1도 안 되는 쿠바는 1000명당 의사 수가 6명으로 인구 대비 의사 비율이 세계 최고다. 작은 동네에까지 여러 전공의들이 건강 상담을 해주는 무료 보건소가 서너 개씩 있다. 나라가 가난해 좋은 의료 장비를 갖추진 못하지만, 의사 수준은 세계 최고다.

국민일보 2007년 10월 17일자 참조

(1) 기사에 나온 나라들을 찾아 초록색으로 밑줄을 그어요.
(2) 각 나라의 자랑거리를 찾아 파란색으로 밑줄을 그어요.
(3) 각 나라가 건강 국가가 된 이유를 찾아 빨간색으로 밑줄을 그어요.
(4) 내용을 표로 정리하세요.

활동 18-오늘의 날씨 알아보기

일기 예보란은 표와 그래프, 지도 등 다양한 시각 자료를 활용해 날씨를 예보합니다. 신문의 일기 예보를 보고 어떤 정보가 있는지 알아봐요.

◐ 활동 : 오늘 신문에서 일기 예보란을 찾아 붙이세요.

일기 예보 붙이는 자리

1. 일기 예보를 보면 어떤 것들을 알 수 있나요?

2. 아래 표에 나온 지역의 날씨를 한 문장으로 표현하세요.

고장	날씨
서울	
대전	
광주	
원주	
부산	

3. 우리 고장의 날씨를 날씨 기호로 나타내고 두 문장으로 소개하세요.

시각 자료 활용

활동 19-기상 캐스터 역할놀이 하기

사람들은 야외에서 활동하거나 휴가를 갈 때 날씨가 어떨지 궁금해 합니다. 농부·어부·비행기 조종사처럼 날씨를 중요하게 여기는 직업도 많지요. 기상 캐스터가 돼 오늘의 날씨를 안내하세요.

활동 방법

① 신문에서 일기 예보란을 오려 붙입니다.
② 주어진 시각 자료를 바탕으로 오늘의 날씨를 예측합니다.
③ 예측한 내용을 글로 정리한 뒤 기상 캐스터가 돼 발표합니다.

일기 예보 붙이는 곳

오늘의 날씨

TV 프로그램 편성표 활용

　신문에 실린 TV 프로그램 편성표를 보면 각 방송사의 프로그램을 비교할 수 있습니다. 지상파는 물론 케이블과 위성 TV 프로그램까지 모두 볼 수 있고, 이리저리 리모컨을 누르지 않고도 유익한 프로그램을 미리 알 수 있지요.

　TV 프로그램 편성표를 활용해 TV 시청 계획을 세우고 계산 능력도 키워요.

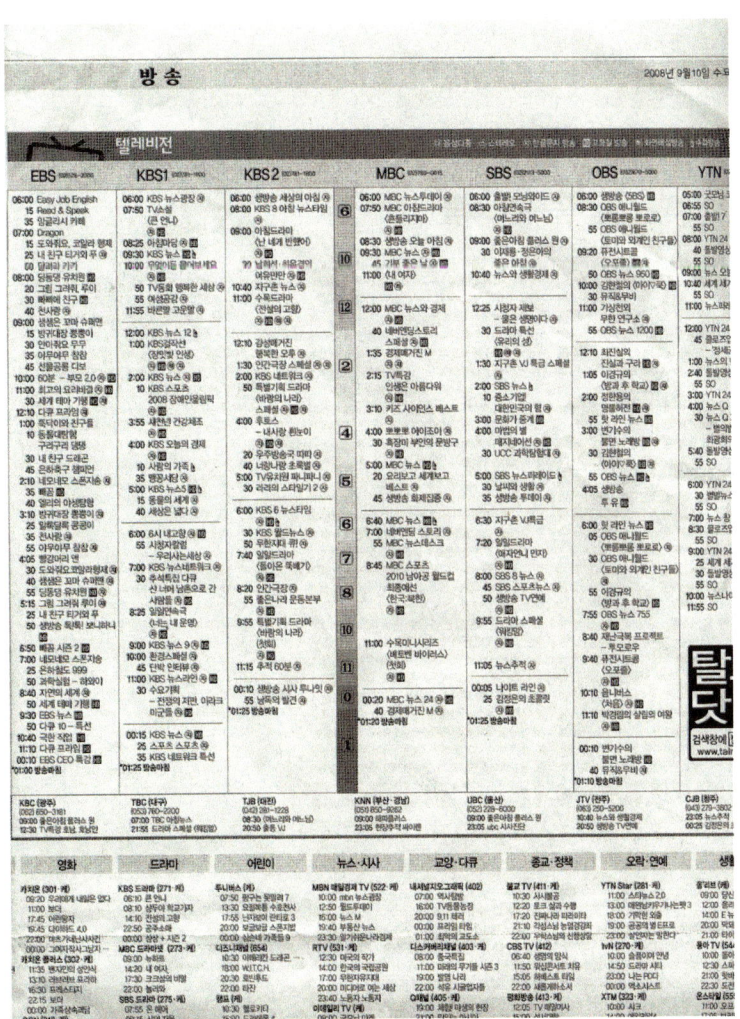

활동 20 - 시간의 덧셈과 뺄셈

시간의 한 지점을 시각이라고 합니다. 그리고 어떤 시각부터 다음 시각까지 사이를 시간이라고 해요. 신문의 TV 프로그램 편성표를 이용해 시간의 덧셈과 뺄셈을 해보세요.

◐ 활동 1 : 신문에서 TV 프로그램 편성표를 찾아 붙이세요.

○ 활동 2 : 보고 싶은 프로그램을 세 개만 골라 표로 정리하세요.

프로그램 제목	보고 싶은 이유	시작하는 시각	끝나는 시각

○ 활동 3 : 각 프로그램 방영 시간을 계산해 보세요.

프로그램 제목	방영 시간
	(식)
	(답) 시간 분
	(식)
	(답) 시간 분
	(식)
	(답) 시간 분

○ 활동 4 : 방영 시간을 분과 초로 단위를 바꿔 계산해 보세요.

→ 1시간=60분 / 1분=60초

프로그램 제목	방영 시간	
	분	초
	분	초
	분	초

고학년용 47

TV 프로그램 편성표 활용

 활동 21-프로그램 시청 뒤 내용 소개하기

국경일이나 명절이면 신문이나 TV에는 관련 소식과 프로그램이 보도됩니다. 신문에 실린 TV 프로그램 편성표를 보고 국경일이나 명절 관련 프로그램을 시청한 뒤 느낌을 나눠요.

활동 방법

(예) 현충일 관련 프로그램 시청

❶ 편성표에서 현충일이나 한국전쟁과 관련된 프로그램을 찾아보세요.
❷ 편성표 가운데 가장 보고 싶은 프로그램을 골라 시청합니다.
❸ 프로그램 내용을 간략하게 정리한 뒤 감상을 친구들에게 들려주세요. 편지글로 표현해도 좋습니다.

◐ 활동

프로그램 편성표 붙이는 자리

내용 소개

감상평 쓰기

기사 활용

신문 기사의 종류에는 객관적 사실을 전달하는 스트레이트 기사, 해설·미담류·인터뷰 기사 등을 사각형 선 안에 싣는 박스기사, 독자들의 관심을 끌 만한 얘기를 다루는 가십, 어떤 주제에 대해 필자의 의견과 주장이 들어가는 칼럼, 신문사의 생각이나 주장을 쓴 사설 등이 있습니다.

기사의 제목은 기사의 핵심 내용을 짧은 문장으로 표현한 또 하나의 기사입니다. 기사 제목은 기사의 내용을 빠르게 이해할 수 있도록 도와줍니다.

기사를 쓸 때는 전달하려는 정보의 내용을 쉽게 풀어쓰되 일목요연하게 압축합니다.

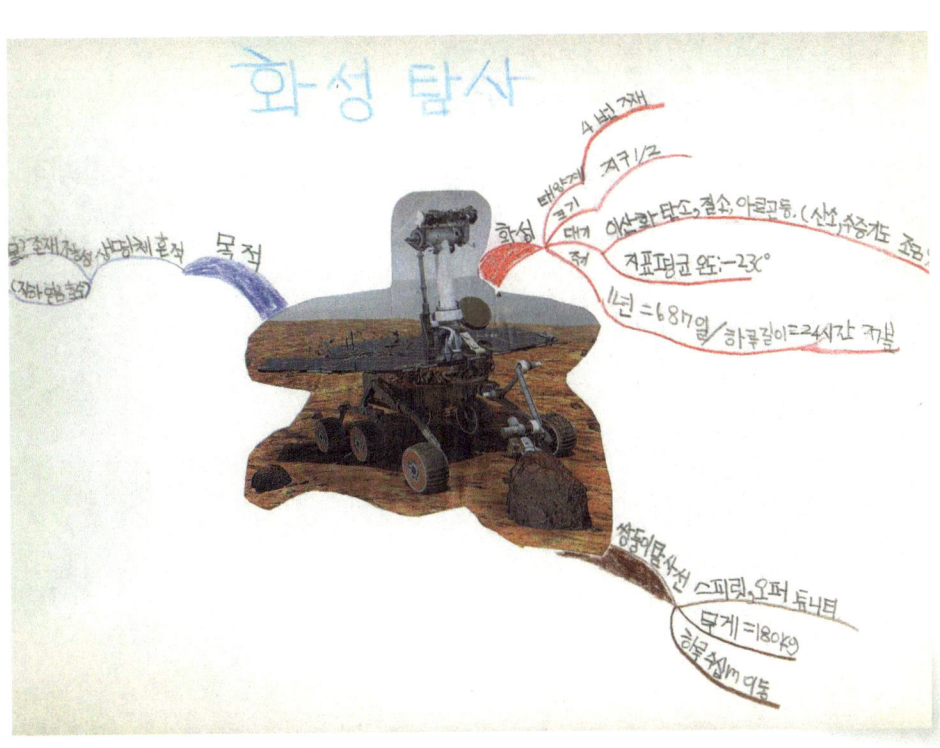

⬆ 기사 내용을 마인드맵으로 정리한 학생의 작품.

기사 활용

활동 22-신문 기사는 어떻게 구성되나

신문 기사는 보통 표제(큰 제목), 부제(작은 제목), 전문(맨 앞 문장), 본문, 해설로 구성됩니다. 기사 내용 가운데 가장 중요한 부분을 뽑아 표제로 만들기 때문에 표제 글자의 크기가 크고 굵을수록 중요한 기사라고 할 수 있습니다.

신문 기사가 어떻게 구성되는지 살피고 새롭게 표제도 만들어보세요.

■ 기사의 구조

표제	기사에서 가장 중요한 내용을 압축합니다.
부제	제목에 쓸 중요한 내용이 많을 때 덧붙입니다.
전문	중요 내용을 육하원칙으로 정리해 한두 문장으로 씁니다.
본문	전달할 내용을 자세히 풀어 씁니다.
해설	덧붙일 내용이 있을 때 씁니다. 해설은 들어가지 않을 수도 있습니다.

활동 방법

❶ 신문에서 사실을 전달하는 기사를 고릅니다.
❷ 색깔이 다른 사인펜으로 표제, 부제, 전문, 본문을 나눠 표시합니다.
❸ 중요한 내용(육하원칙)이 어디에 있는지 살펴 표시한 뒤 한두 문장으로 요약합니다. 제목이 뽑힌 문장도 찾아 밑줄을 그으세요.
❹ 기사에 어울리는 새로운 표제를 붙입니다.

◐ 활동의 예

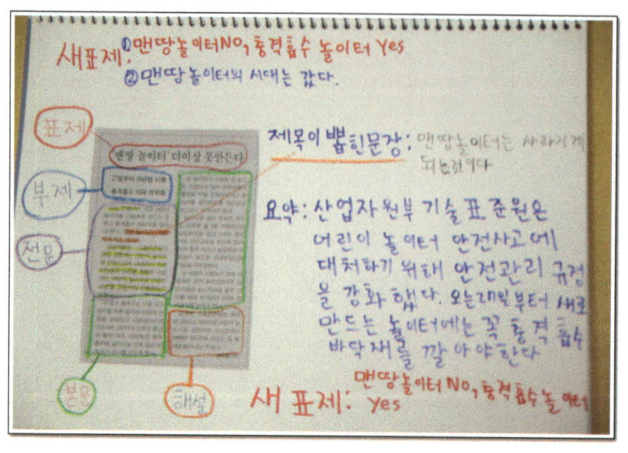

◐ 활동 : 기사의 구조를 살피고 새로운 표제도 만들어요.

활동 23 - 기사 제목을 활용해 문장 형식 이해하기

신문 기사의 제목을 잘 살펴보세요. 완전한 문장으로 끝난 것이 별로 없을 거예요.
기사의 제목은 내용을 압축해야 하고, 리듬감을 살리며, 조사나 문장부호 등을 생략하는 사례가 많아 그렇답니다.

● 활동 1 : 신문에서 문장이 완전하지 못한 기사 제목을 찾아 붙이세요. 제목에서 육하원칙(누가·언제·어디서·무엇을·어떻게·왜) 가운데 빠진 요소를 기사에서 찾아 완전한 문장으로 고치세요.

┌─────────────────────────────┐
│   제목 붙이는 자리   │
└─────────────────────────────┘

┌─────────────────────────────┐
│   제목 붙이는 자리   │
└─────────────────────────────┘

┌─────────────────────────────┐
│   제목 붙이는 자리   │
└─────────────────────────────┘

기사 제목의 종결어미(문장을 마무리하는 글의 끝 부분)는 여러 형태로 바꿀 수 있어요.
문장의 형식이 바뀌면 문장에 담긴 뜻이 바뀌기도 합니다. 활동 2와 활동 3은 문장 형식을 바르게 이해했는지 확인하는 활동입니다.

◐ 활동 2 : 다음 문장 형식에 알맞은 기사 제목을 오려 붙이거나 직접 써보세요.

풀이하는 문장	
묻는 문장	
시키는 문장	
권유하는 문장	

◐ 활동 3 : 관심이 가는 기사 제목을 하나 골라 오려 붙이고, 다음과 같이 문장의 형식을 바꿔보세요.

제목 붙이는 자리

풀이하는 문장	
묻는 문장	
시키는 문장	
권유하는 문장	

기사 활용

활동 24 - 같은 낱말에 담긴 여러 가지 뜻 찾기

"어? 이상하다? 감사하는 자리에서 왜 싸움을 하지?"

TV를 보던 어진이는 궁금했어요. 어진이가 아는 '감사'와 뉴스에서 사용된 '감사'는 뜻이 서로 달라 뉴스 내용을 잘 이해할 수 없었기 때문입니다.

감사는 '고맙게 여기는 마음'을 말하기도 하지만, '감독하고 검사하다'라는 뜻도 있답니다.

이처럼 글자는 똑같지만 뜻이 다른 낱말(동음이의어)이 있습니다. 한 낱말에 담긴 여러 가지 뜻을 알면 기사 내용을 이해하기 쉽습니다.

활동 방법

❶ 기사를 읽고 모르는 낱말을 찾아 표시합니다.
❷ 국어사전에서 그 낱말의 뜻을 찾아봅니다.
❸ 사전에 실린 낱말 뜻이 여러 가지일 경우 그 뜻을 비교해 봅니다.
❹ 기사 내용에 어울리는 낱말 뜻에 표시합니다.
➡ 되도록 여러 가지 뜻이 있는 낱말을 찾아 공부하세요.

◐ 활동 1 : 기사를 읽고 모르는 낱말의 뜻을 알아봅시다.

기사 붙이는 자리

고른 낱말	사전에 나온 뜻
	①
	②
	③
	①
	②
	③
	①
	②
	③

기사 내용에 어울리는 낱말 뜻에 ○표 하고 다른 뜻도 함께 익힙니다.

○ 활동 2 : 활동 1에서 찾은 낱말의 다양한 뜻을 활용해 짧은 글을 지어보세요.

○ 활동의 예

고른 낱말	낱말의 다양한 뜻을 활용해 짧은 글 짓기
소식	장수의 비결은 소식과 적당한 운동이다.
	할아버지께서는 고향 소식을 궁금해 하셨다.

고른 낱말	낱말의 다양한 뜻을 활용해 짧은 글 짓기

고학년용 55

활동 25 - 기사 내용 육하원칙으로 정리하기

신문 기사는 읽는 사람이 궁금한 점이 없도록 6가지 조건에 맞춰 씁니다.
그 조건이 바로 '누가·언제·어디서·무엇을·어떻게·왜' 입니다. 흔히 육하원칙이라고 부르죠.
복잡한 상황이라도 육하원칙에 맞춰 표현하면 쉽게 정리됩니다.

활동 방법

❶ 기사 또는 설명이 달린 사진 가운데 하나를 고르세요.
❷ 기사나 사진을 선택한 이유가 무엇인지 써보세요.
❸ 기사 내용을 마인드맵으로 정리하세요. 마인드맵의 큰 가지를 여섯 개 만든 뒤 육하원칙에 맞게 정리하세요. 이렇게 내용을 정리하면 긴 기사의 내용도 한눈에 파악할 수 있답니다.
❹ 기사나 사진에 대한 느낌도 마인드맵에 함께 기록합니다.

◐ 활동의 예

기사나 사진을
가운데에 붙이세요.

기사 활용

활동 26 - 사실과 의견 구분하기

신문의 사설이나 칼럼 등 글쓴이의 주장이 들어간 글은 사실을 쓴 부분과 글쓴이의 의견이 들어간 부분으로 나눌 수 있습니다. 자신의 주장이 남을 설득할 수 있으려면 사실을 들어 제시해야 합니다.

'패스트푸드에는 열량이 높은 지방질이 많이 들어 있습니다. 그래서 자주 먹지 말아야 합니다.'에서 사실을 나타낸 부분과 의견을 나타낸 부분을 나누면 다음과 같습니다.

> 패스트푸드에는 열량이 높은 지방질이 많이 들어 있습니다. ⊠ 사실
> 그래서 자주 먹지 말아야 합니다. ⊠ 의견

(예) 다음 신문에 난 독자 투고를 사실과 의견으로 나누세요. 사실인 문장은 그대로 두고, 의견을 쓴 문장에만 밑줄을 그어요.

아이 손을 잡고 도서관에 들렀다 돌아오는 길이었다. 유치원생으로 보이는 아이들이 횡단보도의 신호가 바뀌자 좌우를 살피며 손을 들고 건너는 모습을 보니 귀엽기도 하고 대견하기도 했다.

그런데 아이들이 횡단보도를 건너고 난 뒤 신호가 바뀌지도 않았는데 신호를 무시하고 지나가는 승용차가 있었다. 나는 항상 아이에게 교통신호 지키기와 안전 수칙 등을 가르치는데, <u>어른들이 교통질서를 지키지 않는 모습을 보고 아이에게 부끄럽다는 생각이 들었다. 앞장서 지켜야 할 어른들이 규칙을 어기는 모습은 결코 좋아 보이지 않았다. 교통법규는 우리의 소중한 약속이다. 법규를 지키는 안전 운행만이 사고 예방을 위해 가장 좋은 방법이다.</u>

우리나라에서 사람이 부주의해 일어나는 사건·사고 가운데 85% 이상이 교통사고라고 한다. <u>이제는 이러한 점을 깨달아 정신을 차려야 한다. 운전자 스스로 교통질서를 지켜야 하며, 경찰의 단속만 피하는 운전 습관은 버려야 한다. 교통사고는 운전자 개인의 문제가 아니라 모든 사람들의 일이 될 수 있다. 나아가 국가의 교통 문화 수준을 평가하는 잣대임을 마음에 새겨야 한다.</u>

<u>교통질서는 실천이 중요하다. 항상 안전띠를 매고, 걷는 이들이 마음 놓고 횡단보도를 건널 수 있도록 정지선을 지켜야 한다. 또 앞차와 안전거리를 충분히 두어 뒤에서 들이받는 사고를 미리 막아야 한다.</u>

세계일보 2007년 8월 8일자

◐ 활동 : 신문에서 독자 투고를 찾아 붙이고, 사실과 의견을 구분해 보세요. 사실인 문장은 그대로 두고, 의견을 쓴 문장에는 밑줄을 그어요.

독자 투고 붙이는 자리

기사 활용

활동 27-자랑스러운 한국인 찾기

나라를 위해 목숨을 바치는 것만 애국이 아닙니다. 자신의 역할을 충실히 하는 것도 우리가 실천할 수 있는 애국이랍니다. 국내외에서 우리나라를 널리 알리는 사람도 애국을 실천하는 분입니다.

활동 방법

❶ 국내외에서 활약하는 한국인을 신문에서 찾아요.
❷ 그 인물이 어떻게 국위를 높이는지 설명해요.
❸ 그 인물에게 감사의 말이나 궁금한 점을 묻는 메시지를 글로 남겨요.

◐ 활동 1 : 신문에서 나라를 위해 일한 인물을 한 사람 선정해 관련 사진이나 기사를 붙이세요.

사진이나 기사 붙이는 자리

◑ 활동 2 : 선택한 인물의 활약상을 정리해요.

◑ 활동 3 : 선택한 인물에게 하고 싶은 말을 남기세요.

◑ 활동 4 : 아버지께 운전할 때 정지선을 지키시도록 부탁하고, 세금 내는 일을 깜빡 잊은 어머니께 세금을 내시도록 말씀드리는 것도 나라를 위한 일이에요. 여러분이 할 수 있는 나라 사랑 방법을 찾아요.

기사 활용

📓 활동 28-평화가 필요한 곳 찾기

 6월이면 나라를 위해 몸을 바친 선열의 나라 사랑 정신과 평화의 소중함을 느낍니다. 평화는 '전쟁과 갈등이 없는 평온한 상태'를 말하지요. 신문에서 평화가 가장 필요한 곳을 찾아봅시다.

활동 방법

❶ 국제면이나 사회면의 기사(또는 사진)를 보며 평화가 가장 필요한 곳을 찾습니다.
❷ 기사(또는 사진)를 선택한 이유를 그 옆에 정리합니다.
❸ 선택한 곳이 평화로워지려면 어떻게 해야 할지 내 생각을 정리해요.

◐ 활동

기사 붙이는 자리

선택한 이유	문제점	해결 방법

활동 29 - 다양한 관점에서 생각하기

어떤 문제가 발생했을 때 그 문제를 다양한 관점에서 살펴보면 앞으로 상황이 어떻게 펼쳐질지, 해결 방법은 무엇인지 예측할 수 있습니다.

신문에는 여러 가지 문제 상황이 나와요. 기사를 활용해 문제를 다양하게 바라볼 수 있는 시각을 길러요.

> 칠레에 최근 50년 만에 눈이 내렸다. 겨울철에도 날씨가 온화해 포도 등 농작물을 주로 재배하는 칠레가 요즘 기온이 영하로 떨어지는 등 이상 기후 현상을 보이고 있다.
> 관계 당국은 갑작스럽게 내린 눈으로 인한 교통사고를 막기 위해 비상사태를 선포하고 대비에 들어갔다.
>
> 세계일보 2007년 8월 10일자

50년 만에 눈이 내린 칠레에서는 어떤 일들이 벌어졌을까요? 직업이 다른 여러 사람의 입장에서 생각해요.

농부

어린이

경찰

예보관

기사 활용

활동 30 - 다양한 해결책 제시하기

사람은 살아가면서 여러 가지 문제에 부딪힙니다. 그럴 때마다 합리적이고 적절한 해결책을 찾기 위해 고민하죠.

생활에서 일어나는 다양한 문제가 나와 있는 신문은 문제 해결 능력을 키우기 위한 교과서로 활용될 수 있습니다. 신문에 나온 여러 가지 문제 상황을 공부하며 다양한 해결책을 찾는 훈련을 해요.

운동장이 없는 초등학교가 하나 둘 늘고 있다. 지난 4월 국무회의(국가의 중요한 정책을 심사하는 기관)를 통과한 '학교 설립 운영 개정안'에 따르면 도시의 경우 기준 면적의 3분 1 범위 안에서 학교를 지을 수 있게 해 운동장이 없는 학교는 더욱 늘어날 전망이다.

서울시교육청에 따르면 서울 시내에 운동장을 갖추지 못한 초등학교는 독립문초등학교를 포함해 조원초등학교(관악구 신림동), 행현초등학교(성동구 행당2동) 등 세 곳이다. 서초구 양재2동 양재근린공원 안에 건립 중인 양일초등학교도 운동장이 없이 내년에 문을 열 예정이다.

운동장이 없는 학교가 생기는 이유는 간단하다. 학급 당 학생 수를 줄이기 위해 학교는 많이 지어야 하는데, 땅값은 크게 올라 운동장을 만들 땅을 마련하기가 쉽지 않기 때문이다.

운동장이 없다 보니 정상적인 체육 활동을 하기 어렵다. 행현초등학교는 36개 학급이 하루씩 돌아가며 근처 '서울숲'으로 버스를 타고 가 '원정 체육 수업'을 받는다. 체육관 수업만으로는 부족함을 느껴서다. 독립문초등학교는 체육 수업을 체육관에서 모두 소화하지만 학생들의 불만은 커지고 있다.

6학년 이동혁(11·가명) 군은 "달리기를 하다 미끄러질 때가 많다"며 "좋아하는 축구도 할 수 없어 불편하다."고 말했다. 운동회 때는 근처 학교나 공공시설을 빌리는 경우도 있다.

운동장이 없는 학교 측은 "체육관 수업만으로도 학생 체력 관리와 지도에 큰 문제가 없다."는 입장이다. 그러나 체육교육 전문가들은 학교에 운동장을 갖추지 못할 경우 학생들의 체력이 떨어지는 부작용이 불 보듯 뻔하다고 입을 모은다.

한국일보 2007년 8월 11일자

1. 기사 내용을 간략히 정리해 아래 표에 써 넣으세요.

실태	서울시교육청에 따르면 서울 시내에 운동장이 없는 초등학교는 독립문초등학교, 조원초등학교, 행현초등학교 등 세 곳이다. 내년에 개교 예정인 양일초등학교를 포함해 앞으로 운동장이 없는 학교는 더 늘어날 전망이다.
원인	
문제점	

2. 이 문제를 해결하기 위해 자신이 생각하는 해결 방안을 내보세요.

구분	해결 방안	이유
1		
2		

기사 활용

활동 31 - 환경오염 다룬 기사 찾기

신문에는 환경 문제를 다룬 기사가 많습니다. 신문에 많이 나온다는 것은 그만큼 우리에게 중요한 문제라는 뜻입니다.

신문에서 환경오염을 다룬 기사를 찾아 오염의 원인과 앞으로 진행 상황을 추론한 뒤 해결책도 찾아요.

◐ 활동

환경오염 관련 기사나 사진 붙이는 자리	
오염의 원인	
앞으로 진행될 상황 (글이나 그림으로 표현)	
해결 방법	

활동 32 - 문단 내용 요약하기

몇 개의 문장이 모여 하나의 중심 생각을 나타내는 글의 단위를 문단이라고 합니다. 문단 내용을 요약하려면 '무엇'에 대하여 '어떠하다'라는 식으로 정리해야 합니다.

예를 들어 장소에 대해 쓴 문단의 내용은 '그곳은 어떤 곳이다.' 또는 '그곳은 어떠하다.' 처럼 요약할 수 있습니다. 사건에 대해 쓴 문단의 내용은 '언제, 무슨 일이 일어났다.' 또는 '누가, 언제, 무슨 일을 했다.' 처럼 요약하면 됩니다.

활동 방법

❶ 새로 알게 된 내용이 실린 신문 기사를 스크랩합니다.
❷ 기사 내용을 몇 개의 문단으로 나눕니다.
❸ 각 문단의 주요 내용을 요약합니다.

활동

1. 친구에게 소개하고 싶은 독자 투고를 하나 골라 스크랩합니다.
2. 글을 여러 개의 문단으로 나눕니다.
3. 각 문단의 중심 내용에 밑줄을 칩니다.
4. 각 문단의 중심 내용을 요약합니다.

기사 활용

활동 33-기사 내용 요약하기

신문에는 좋은 소식도 실리고 나쁜 소식도 실리지요.

미담 기사를 하나만 골라 내용을 30자 안팎으로 요약해 친구에게 휴대전화 문자 메시지로 알려주세요.

기사 붙이는 자리

✉ 문자 메시지 내용

활동 34-재미있는 신문일기 쓰기

'일기' 하면 가장 먼저 무엇이 떠오르나요?

'휴~' 하고 한숨부터 나오진 않나요? 부담스럽거나 지겹게 생각하는 학생들도 많을 거예요.

하루하루가 변화가 없는 생활이어서 일기 소재가 다양하지 않다면 신문을 활용해 일기를 써보세요. 일기의 소재를 신문에서 찾아 쓰는 거죠.

세상을 폭넓게 보는 눈이 뜨이고, 글을 이해하는 독해력도 기를 수 있답니다.

신문일기 쓰는 방법

❶ 기사, 사진, 광고, 만화 등을 보다가 마음에 드는 것을 골라 글감으로 정합니다. 가위로 오려내 일기장에 붙이세요(사진은 설명도 함께 오려 붙이세요).

❷ 모르는 낱말이 나오면 밑줄을 긋고 사전을 찾아 정리해요.

❸ 그 다음엔 내용을 요약해요. 내용의 중요한 부분을 간추려 적으면 됩니다. 있는 그대로 옮겨 쓸 게 아니라 자신의 말로 바꿔 써야 해요. 어렵다면 처음엔 내용의 중요 부분을 그대로 옮겨 적다가 나중에 나만의 표현 방법을 익혀요.

❹ 마지막으로 내용에 대한 자신의 생각을 적습니다. '좋다', '싫다', '재미있겠다' 등 느낌만 쓰지 말고, 그 이유까지 씁니다. 꼭 글로 표현하지 않고 그림이나 만화 등으로 자신의 생각을 나타내도 좋습니다.

 활동의 예

기사 활용

년   월   일   날씨:

기사나 사진을 붙이는 자리

모르는 낱말

내용 요약

내 생각

활동 35 – 줄글을 시로 바꾸기

줄글을 동시로 바꾸는 활동은 시의 형식을 이해하는 데 도움이 됩니다.

활동 방법

1. 줄글에서 중요한 내용만 골라냅니다.
2. 골라낸 내용을 흐름에 맞게 묶습니다.
3. 행과 연을 만들고 흉내 내는 말 등을 넣어 리듬감을 살립니다.
4. 지은 시를 군더더기가 없도록 다듬습니다.

활동 1: 아래 기사를 시로 바꾸세요.

지난 19일 서울 구로구 궁동의 연립주택 앞 골목길은 '사방치기' 놀이가 한창이었다. 1부터 8까지 숫자가 적힌 네모 칸에서 깨금발로 번호 순서에 따라 돌멩이를 차 옮기던 현진(9)이는 관중을 의식한 탓인지 여덟 번째 칸으로 돌멩이를 옮기려다 금을 벗어났다. 지켜보던 11명 아이들의 탄성과 환호성이 골목길을 울렸다.

아이들을 이끄는 골목대장은 '서른여덟 살짜리 개구쟁이'인 영어 교사 조원식 씨다. 서울에 살던 조씨는 아토피로 고생하는 여섯 살과 네 살짜리 두 딸 때문에 도심을 벗어나 이곳으로 이사 왔다.

조씨는 퇴근 뒤 땅 따먹기, 사방치기 등 어린 시절 놀이를 되새기면서 두 딸과 골목길을 누볐다. 골목길에 낯선 그림이 그려지자 호기심에 찬 동네 아이들이 하나 둘 모여들었다. 한 해 뒤엔 어울리는 아이들이 30명을 훌쩍 넘었다.

아이들의 뜨거운 호응에 힘입어 조씨는 골목길 놀이 문화를 통해 마을의 또래 공동체를 되살려 보기로 결심했다. 한국전래놀이협회에 가입하고 전국을 돌아다니며 전래놀이를 배워 아이들을 가르쳤다. 동네 아이들은 3년 만에 조씨 없이도 매일 골목길에서 뛰놀게 됐다.

아이들이 노는 소리가 퍼지면서 동네에 활력이 넘치기 시작했다. 학원에 갈 시간을 잊고 놀던 범진·현진 형제를 데리러 온 할머니 오인숙(66) 씨는 "처음에는 반상회에서 시끄럽다는 불만도 나왔지만, 함께 노는 아이들을 통해 어른들도 이웃사촌이라는 말을 몇십 년 만에 실감하고 있다"며 "서울에서 아이들을 안심하고 골목길에 내놓을 수 있는 동네가 여기 말고 또 있겠냐."고 말했다.

한겨레 2008년 2월 25일자

기사 활용

🔍 **중요한 내용 고르기**

✂️ **흐름에 맞게 내용 묶기**

📋 **글의 차례 정하기**

1연

2연

3연

4연

🖌️ **동시 쓰기**

제목

●활동 2 : 내가 쓴 시를 옮겨 적고 예쁘게 꾸며보세요.

고학년용 73

기사 활용

활동 36 – 독자 투고 쓰기

독자도 신문을 만드는 데 참여할 수 있어요. 신문사마다 '독자 투고' 지면을 마련해 날마다 독자의 글을 싣고 있습니다.

독자 투고에는 나라의 큰일부터 주변의 작은 문제까지 이웃의 생각이 생생하게 담겨 있답니다.

● 활동 1 : 독자 투고 가운데 하나를 스크랩해 아래 칸에 붙여보세요.

독자 투고 붙이는 자리

① 글쓴이의 생각을 200자로 요약하세요.

② 글쓴이가 그렇게 생각하는 이유는 무엇인지 100자로 밝히세요.

◐ 활동 2 : 학교 생활을 하면서 '문젯거리'라고 생각한 것을 찾아보세요.

❶ _____
❷ _____
❸ _____

'문젯거리' 가운데 하나를 골라 그렇게 생각하는 이유를 설명하며 독자 투고를 써보세요. 독자 투고는 육하원칙에 맞춰 쓰되, 자신의 체험과 느낀 점을 중심으로 적습니다. 무엇보다 글을 쓰는 목적이 뚜렷하고 투고하는 내용에 일관성이 있어야 합니다.

신문 형식 활용 (주제 신문 만들기)

주제 신문은 한 가지 주제를 정해 그 밑에 다른 분류를 두지 않고 만드는 신문입니다. 예컨대 가족 신문, 독서 신문, 환경 신문, 인물 신문, 직업 신문, 역사 신문, 여행 신문 등이 있습니다.

주제신문을 만들려면 신문의 제작 과정부터 공부해야 합니다. 신문이 어떤 내용들로 이뤄지고, 그 구성요소들을 어떻게 배치해야 정보를 효율적으로 전달할 수 있는지도 알아야 합니다. 기존 신문들을 살펴보며 익히면 좋습니다.

주제와 관련된 배경지식을 공부하고 구성요소를 활용해 신문을 꾸미다 보면 사고력과 창의력, 표현력을 기를 수 있습니다.

◐ 컴퓨터의 한글 프로그램으로 만든 가족 신문.

◐ 학생들이 독서 신문을 만드는 모습.

활동 37 – 독서 신문 형식과 내용 정하기

독서 신문은 독후 활동의 결과물을 신문 형식으로 만드는 것입니다. 책에서 일어난 사건을 현실로 끄집어내 문제점을 다루는 기사를 쓰거나, 책을 읽은 동기와 과정을 글로 표현해도 좋습니다. 인물을 분석하는 그래픽 자료, 등장인물의 인터뷰 기사, 독서 감상화, 독서 퀴즈 등을 넣으면 내용이 훨씬 풍부해집니다.

활동 방법

❶ 독서 신문의 이름을 짓고 발행 주기와 크기, 쪽수를 정해요.
❷ 취재·사진·만화·편집 등으로 각자 할 일을 정한 뒤 신문에 담을 내용을 기획합니다.
❸ 준비한 내용을 알맞은 자리에 넣고 신문을 만듭니다.

◐ 독서 신문 구성의 예

독서 명언	제호	신문 만드는 가족 소개
책 내용을 바탕으로 등장인물을 인터뷰한 기사		뒷이야기를 그린 만화
책을 읽고 가족과 나눈 대화	인상 깊은 장면을 그린 그림과 이를 기사화한 글	
책 광고		

고학년용 77

신문 형식 활용

○ **활동** : 독서 신문 구성표를 짜봅시다.

활동 38-독서 신문 인터뷰 기사 쓰기

책의 등장인물에게 궁금한 점을 묻는 인터뷰 기사를 써보세요. 등장인물이 어떤 사건이나 상황에서 그렇게 행동한 이유와 느낌 등을 자신에게 물어보고 생각한 답을 쓰면 됩니다.

활동 방법

1. 책에서 가장 재미있는 장면을 골라보세요. 가족이 함께 이야기를 나눈 뒤 정하면 더욱 좋습니다.
2. 그 장면에서 가장 중요한 역할을 한 인물에게 질문할 내용을 정리합니다.
3. 기사 제목을 달고 인터뷰를 하게 된 상황을 간단히 정리한 뒤 묻고 답하는 형식으로 인터뷰 기사를 씁니다.

◐ 활동의 예

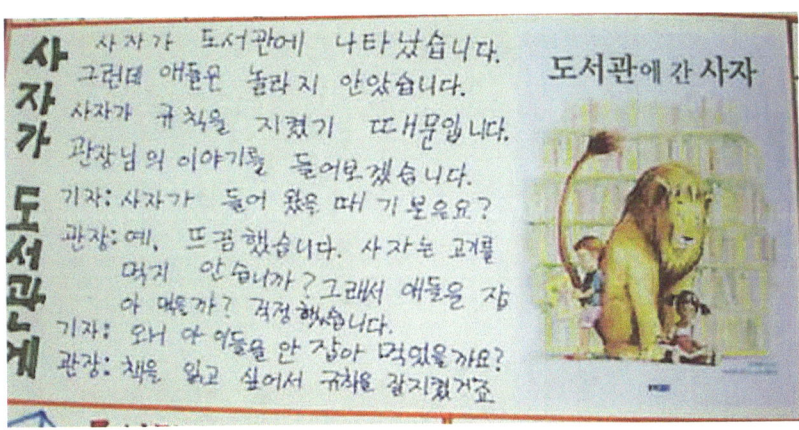

◐ 활동 : 인터뷰 기사를 써봅시다.

	인터뷰하는 등장인물 모습 붙이기 (그려도 됨)

신문 형식 활용

📓 활동 39-독서 신문 뒷이야기 만화로 꾸미기

책을 읽고 뒷이야기를 만화로 표현해 보세요. 책 내용을 바탕으로 재미있게 뒷이야기를 구성한 뒤 그 내용을 시간 흐름에 맞게 그립니다.

◐ 활동의 예　　　　　◐ 활동 : 책의 뒷이야기를 네 컷 만화로 표현해 보세요.

✿ 『도서관에 간 사자』를 읽고 뒷이야기를 만화로 그린 작품.

활동 40 - 독서 신문 책 광고하기

읽은 책을 친구들에게 소개하는 광고를 만들어보세요. 책 표지나 재미있는 장면을 그린 뒤 추천하는 글도 멋지게 써보세요.

● 활동의 예

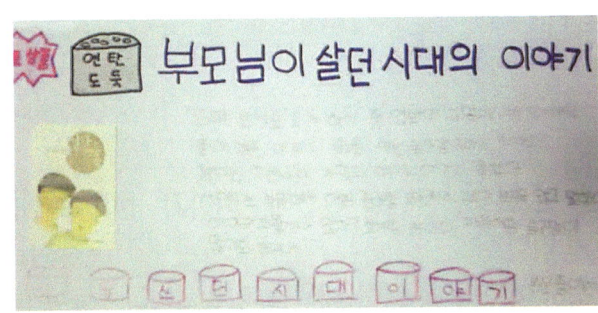
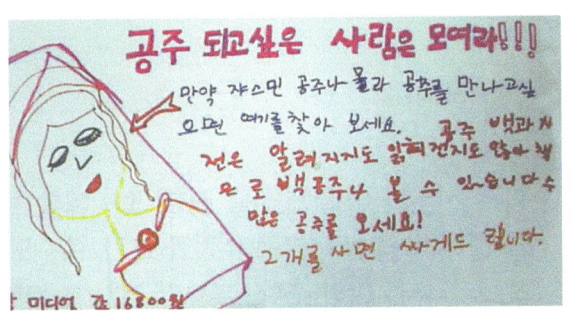

◎ 『연탄 도둑』과 『공주 백과사전』을 읽고 광고로 표현한 작품.

● 활동 : 가장 인상 깊은 장면을 바탕으로 책 광고를 해보세요.

신문 형식 활용

활동 41-가족 신문 형식과 내용 정하기

가족 신문을 만들 때 먼저 할 일은 가족의 범위를 정하는 것입니다. 요즘에는 애완동물도 가족이라 생각하는 경우가 흔합니다. 함께 살지 않는 친척 이야기도 실을 수 있습니다. 그래서 신문에 이야기를 담을 수 있는 가족의 범위를 미리 정해야 알차게 꾸밀 수 있답니다.

가족 신문은 최근 일어난 일을 위주로 내용을 구성합니다. 지면에 여유가 있다면 가족이 관심을 가진 주제나 사건을 특집 기사로 다뤄도 좋습니다.

활동 방법

❶ 가족 신문의 이름(제호)을 정합니다. 예를 들어 '아름드리 신문', 'OO네 이야기' 등으로 이름을 붙이면 됩니다. 발행 주기와 크기, 쪽수도 정합니다.
❷ 취재·사진·만화·편집 등으로 각자 할 일을 정하고, 신문에 담을 내용을 기획합니다.
❸ 준비한 내용을 알맞은 자리에 넣고 신문을 꾸밉니다.

◐ 가족 신문의 구성의 예

가훈	제호	신문을 만든 가족 소개
가족의 일 가운데 가장 먼저 알릴 내용을 전하는 기사		가족이 모두 관심 있는 주제로 기사 쓰기
가족 사진 (또는 만평 코너)	가족 칭찬 릴레이	
가족 솜씨 광고		

활동 42 – 가족 신문 보도 기사 쓰기

가족 구성원이 최근 경험한 일 가운데 기억에 남는 사건을 정리해 보세요. 누가 어떤 상황에 처했고, 어떻게 행동했는지 육하원칙에 따라 정리하면 훌륭한 보도 기사가 됩니다.

○ 활동 : 가족이 겪은 일을 표로 정리한 뒤 이를 알리는 기사로 써보세요.

누가 한 일인가요?	
언제 한 일인가요?	
어디서 일어난 일인가요?	
어떤 행동을 했나요?	
왜 그런 행동을 했나요?	

기사 제목 :

관련 사진이나 그림 붙이는 자리

고학년용

신문 형식 활용

활동 43-가족 신문 가족 칭찬 릴레이

칭찬을 받으면 기분이 참 좋지요? 가족 신문에 가족을 칭찬하는 이유와 내용, 칭찬을 들은 소감을 실어보세요. 신문을 만들며 웃음꽃이 활짝 필 거예요.

◐ 활동 : 릴레이로 가족을 칭찬해 봅시다.

☐ 가 ☐ 을(를) 칭찬합니다.

- 칭찬 내용 :
- 칭찬을 들은 소감 :

☐ 가 ☐ 을(를) 칭찬합니다.

- 칭찬 내용 :
- 칭찬을 들은 소감 :

☐ 가 ☐ 을(를) 칭찬합니다.

- 칭찬 내용 :
- 칭찬을 들은 소감 :

☐ 가 ☐ 을(를) 칭찬합니다.

- 칭찬 내용 :
- 칭찬을 들은 소감 :

활동 44-가족 신문 가족 광고 만들기

엄마의 별미 요리, 기억에 남는 가족 행사, 우리 가족의 꿈 등을 알리는 광고를 만들어보세요. 가족 신문을 가까운 친척이나 이웃에게도 보여주고 싶다면, 온 가족의 모습을 담아 '우리 가족 광고'를 해도 좋습니다.

활동 방법

❶ 가족 구성원 가운데 한 사람을 골라 자랑거리를 정리을 합니다.
❷ 글로 표현할 내용과 그림이나 사진으로 표현할 내용 구분합니다.
❸ 광고 제목과 본문을 쓰고, 신문과 사진을 활용해 광고를 꾸밉니다.

◐ 활동의 예

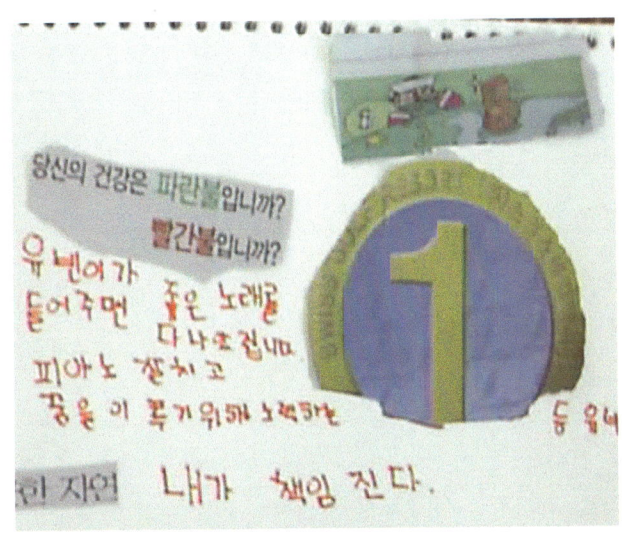

신문 형식 활용

● **활동** : 나를 알리는 광고를 해봅시다.

신문으로 하는 미술 공

신문은 미술을 공부하기에 좋은 재료입니다.

여러 가지 색이 인쇄된 광고 면은 색종이 대신 다양한 미술 활동에 활용할 수 있습니다.

명화가 실리기도 하고 재미있는 그림이나 사진도 많아요.

신문을 활용해 멋진 미술 작품을 완성하세요.

○ 신문을 결에 따라 찢어서 옷감의 짜임(능직)을 표현했다.

활동 45 - 색에 대한 느낌 표현하기 ①

파란 음료수, 노란 자동차 등 회사마다 색깔을 이용한 판매 전략을 앞 다퉈 내놓고 있어요. 색깔을 상품 판매와 처음 연결한 것은 1920년 미국의 만년필 제조업체 파커입니다. 당시로는 파격적인 빨간색 만년필을 내놓아 큰 인기를 끌었지요.

요즘에는 색을 이용해 심리 치료도 합니다. 색에 관심을 갖고 자유롭게 색을 표현하며 상상력과 감성을 키워봅시다.

활동 방법

❶ 신문에서 다양한 색을 찾아 다음 색상환을 완성하세요.
❷ 색상환 색에 대한 느낌을 아래 표에 써보세요.
 ※ 색상환이란 기본이 되는 색을 일정한 방향으로 원 안에 나열해 놓은 것임.

◐ 활동 1 : 신문에서 색을 찾아 색상환을 완성해요.

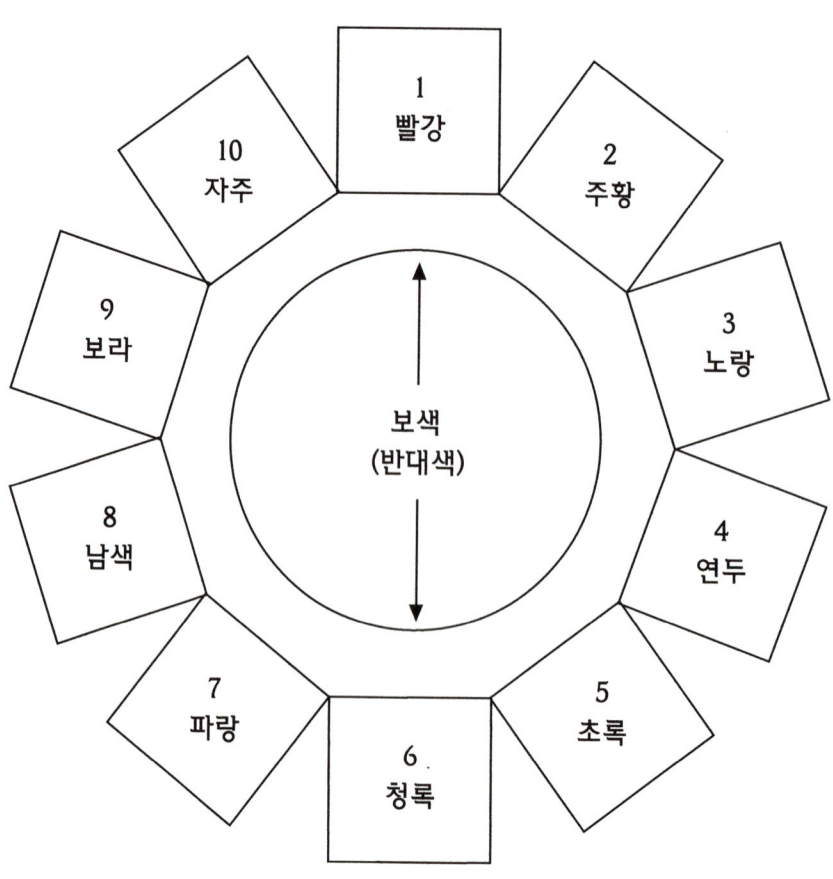

◐ **활동 2** : 색에 대한 느낌을 표에 적어요.

→ 예를 들어 파랑은 '차갑다, 쓸쓸하다, 시원하다' 등으로 표현하면 됩니다.

빨강	주황	노랑	연두	초록
청록	파랑	남색	보라	자주

◐ **활동 3** : 과일도 원래 색 외에 다양한 색이 나오고 있어요. 아래 사진의 빨간 바나나는 어떤 맛일까요? 우리가 아는 사물의 색이 바뀐다면 어떻게 될까요?

🍌 빨간 바나나는 어떤 맛일까?

💧 물이 초록색이라면?

🍂 나뭇잎이 모두 하얀색이라면?

활동 46 - 색에 대한 느낌 표현하기 ②

색은 눈으로 보는 것이지만, 그 느낌은 미각과 후각, 청각 등 여러 감각을 통해 표현할 수 있어요. 이런 활동을 '공감각적으로 표현한다.'고 이야기하지요.

빨간색은 딸기처럼 새콤하고, 수박처럼 달콤해요. 노란색은 보송보송한 병아리의 깃털을 만지는 느낌이지요. 파란색에선 바다 냄새가 나지 않을까요?

시각을 뺀 나머지 감각을 통해 느낌을 표현하면 시각에 묶여 있던 상상력과 창의력을 술술 풀어 낼 수 있답니다.

활동 방법

❶ 신문에서 자신이 좋아하는 색을 찾아 아래 표에 붙입니다.
❷ 그 색에서 연상되는 냄새, 소리, 느낌, 물건, 음식 등을 다양하게 생각해 표에 적습니다.
❸ 친구들이 느낀 색깔은 어떤 모습인지 서로 비교해요.

◐ 활동

내가 찾은 색	나만의 색깔 이야기

활동 47 – 콜라주 꾸미기

서로 관계가 없는 그림이나 재료를 결합해 새롭게 표현하는 미술 기법을 콜라주라고 합니다.

신문 사진이나 광고를 활용해 다양한 작품을 만들어보세요. 직접 그려도 좋지만 신문을 오려 붙여 만들어도 색다른 재미가 있습니다. 창의력과 미적 감각도 키울 수 있지요.

활동 방법

1. 표현할 주제를 도화지에 스케치합니다.
2. 신문에서 주제와 어울리는 색이나 사진 등을 찢거나 오립니다.
3. 스케치한 부분과 어울리게 꾸밉니다.

◐ 활동의 예

신문으로 하는 미술 공부

◐ 활동

활동 48 - 작품 감상하기

미술 작품을 감상할 때 작가가 왜 그렇게 표현했을지 추측하다 보면 그림에 담긴 의미를 읽을 수 있습니다.

"이 그림을 볼 때 무슨 생각이 드니?", "왜 이렇게 그렸을까?", "어떤 부분이 마음에 드니?" 등 그림을 보며 자신에게 질문해 보세요. 작품을 감상하는 눈을 키울 수 있어요.

그럼 친구들이 만든 콜라주 작품도 감상해 볼까요? 표현 방법부터 작품을 본 느낌까지 친구들과 이야기를 나눠요.

활동 방법

❶ 친구들의 콜라주 작품을 비례, 대비, 통일, 변화, 리듬, 균형 등을 살피며 관찰합니다.
❷ 작품에 담긴 의미나 의도도 생각하세요.
❸ 작품의 전체적인 느낌을 경험과 관련지어 말합니다.
❹ 아래 표에 맞춰 감상한 점을 정리합니다.
❺ 신문에 소개된 미술 작품을 스크랩한 뒤 이와 같은 방법으로 감상해도 좋습니다.

● 활동 : 친구들의 콜라주 작품을 감상한 뒤 표를 채워보세요.

친구 이름		작품 이름	
작품의 특징			
작품의 의도			
작품을 보고 느낀 점			

활동 49 - 명화 감상하기

미술 작품을 보며 작가의 생각을 추측한 경험이 많으면 작품의 의미를 쉽게 읽을 수 있어요. 일반적으로 미술 작품을 감상할 땐 다음과 같은 단계에 따라 감상하면 됩니다.

신문에 실린 명화 한 편을 골라 감상하는 방법을 배워봅시다.

◐ 활동

작가 이름		그림의 제목	
작품 크기		작품 완성 연대	
사용한 재료		주로 쓰인 색	

작품에서 볼 수 있는 것

작품의 전체적인 분위기

작품을 통해 작가가 나타내려고 한 점

작품에 대한 나의 생각이나 느낌

활동 50-소묘로 표현하기

대상의 형태, 명암, 질감 등을 한 가지 색으로 표현한 것을 소묘라고 합니다. 소묘는 주로 선을 이용해 표현하며 모든 미술 활동의 기초가 됩니다.

신문의 스포츠 면에서 역동적인 사람의 모습이 담긴 사진을 골라 소묘로 표현하세요. 관찰력과 표현력을 기를 수 있습니다.

 **활동 방법**

❶ 신문에서 운동선수의 움직임이 잘 살아 있는 사진을 한 장 고릅니다. 자신이 좋아하는 운동선수의 사진을 오려도 좋습니다.
❷ 스케치북에 전체적인 모양을 살펴 밑그림을 그립니다.
❸ 그림에 명암을 넣어 완성합니다.
❹ 제시된 방법에 따라 나와 친구들의 그림을 평가합니다.

〈소묘 평가 방법〉
✱ 소묘 대상이 참신한가?
✱ 움직임이 잘 나타나며, 명암 표현이 자연스러운가?
✱ 화면의 구성이 창의적인가?

◑ 활동의 예

신문으로 하는 미술 공부

● 활동 : 신문에서 마음에 드는 사진을 골라 명암을 살려 그려보세요.